高校英語のアクティブ・ラーニング

生徒のやる気を引き出す
モチベーション・マネジメント 50

Motivation Management

小林 翔 著

明治図書

まえがき

　「同じ素材でも調理法とシェフの思いで料理の味は決まります。同じ教科書でも，やり方と教師の思いで授業が変わる」この様に，授業はよく料理に例えられます。しかし，その先には，料理を食べるお客様や授業を受ける生徒の存在があります。実はそこが一番重要です。

シェフが同じであれば味は同じ!?
　「小籠包は小籠包なのだから，どのように食べても味は同じですよね」「オムライスはオムライスなのだから誰が食べても味は変わらないでしょ」以前の私はこのように思っていました。同じシェフが，素材と調理方法や味付けも同じにして，同じテーブルに同じ時間に用意した料理であれば，私が食べても，誰が食べても味は変わらないはずであると思い込んでいました。

誤解
　しかし，それは大きな誤解でした。シェフが同じで料理が同じでも食べ方次第で味が変化するのです。私は同じ味であると思い込んでいただけに，教えていただいた方法で料理を口に運んだ瞬間に衝撃が走りました。味が変わり，何倍も美味しく感じました。例えば，小籠包を食べる時は，皮がタレを弾いてしまうので，蓮華にタレを入れてから小籠包を乗せてお箸で少し皮に穴をあけて中に染み込ませます。そこに千切りにした生姜を乗せ，肉汁とタレと一緒に食べました。オムライスは卵が熱で固まってしまうため，スプーンで卵を半分に開いてご飯を包むようにすると，中が半熟トロトロの状態のまま美味しく食べることができました。もちろん，客層や好みによって食べ方は他にもいろいろあると思います。しかし，こだわりのある新しい食べ方を知った私は，以前よりずっと美味しく，かつ楽しく食べられるようになりました。何を食べるかより，どのように食べるか，誰と食べるか，どこで食べるか，いつ食べるかも料理の味に大きな影響を与えます。

英語の授業でも同じ!?

　私は以前「英語の授業でも,達人の方法を真似すると同じように生徒も動いてくれるだろう,同じハンドアウトを配って同じようにやってみよう」と思い込んで,授業で実践しました。しかし思ったようには上手くいきませんでした。そんな簡単にできるはずがありません。同じやり方であっても,生徒の実態や学年の違いや学習者のレベルやクラスの雰囲気や生徒と教師との人間関係によって結果は違ってきます。また,適切な方法で評価や分析をしないと,その結果の解釈自体も変わってくるでしょう。結果が違うことを知った後に,何が足りていないのか,どうすればよいのかを考えました。そこで見えてきた１つの答えが,「Objective＝目的」です。身に付けさせたい力を明確にし,目的を持った指示を出し,目的を持ったタスクを課し,生徒の自主性を尊重しながら学び方も伝え,生徒のやる気を引き出そうと工夫しました。

見た目で勝負から中味で勝負

　生徒を動かすテクニックは,教師のはっきりとしたビジョンがないと機能しません。達人と呼ばれる先生方のテクニックを表面的に真似するのではなく,指導者の意図や戦略があってこそ,効果的に生徒の英語力は伸びていきます。時間が無限にあれば,試行錯誤しながら色々な方法を試してもいいと思います。しかし,小学校・中学校・高等学校と限られた時間の中で最大限に生徒の力を伸ばすには,生徒の心をつかむ,いわゆる教師のマネジメント術が重要なファクターになります。同じ場所で同じ時間を共有するのであれば,"Do a lot with a little"の考え方で,最小限の力で最大限の効果を発揮したいですよね。生徒のやる気を戦略的に高めるモチベーション・マネジメント術を使わない手はありません。生徒が英語の楽しさを感じられるような授業を,１時間でも多くしたい,本書がその一翼を担えたら幸いに思います。英語教育の明るい未来に,ともに実践・研究してまいりましょう。

2018年2月　　　　　　　　　　　　　　　　　　　　　　小林　翔

Contents

まえがき 3

Chapter1

生徒のやる気をアップする！
教室環境・雰囲気づくり

1 英語授業における座席は生徒が自分で決める 10
2 教室全体を最大限に利用する 12
3 グルーピングで授業の雰囲気をがらりと変える 14
4 生徒の声量をあげるために声が自然と出る雰囲気を作る 16
5 生徒側と教師側の姿勢の両方で授業規律を高める 18
6 活動ごとにワンクッション置いて集中力を持続させる 20
7 授業のペースはテンポ良く着実に行う 22

Chapter2

主体的・対話的で深い学びを実現する！
場面別・授業マネジメント

▶導入ウォーミングアップ

8 クラスルームイングリッシュは活動を通して定着させる 26
9 プランニングの可視化で教師も生徒もモチベーションを高める 28
10 グルーピングからウォーミングアップに繋げる 30
11 授業のチェックインとチェックアウトは
   オーラルリフレクションを行う 32
12 次回のウォームアップクイズは生徒が作ったものを利用する 34

▶展開

13　教師のインストラクションは5つのポイントを意識して行う　36
14　質問は段階を踏んで Level 1から Level 3まで用意する　38
15　全ての指示に時間制限を設け，生徒の動きを機敏にする　40
16　時間を作る　42
17　立ち位置や音質を意識する　44
18　発問で教材に対する生徒の心を開かせ授業に生徒を引き込む　46

▶まとめ・振り返り

19　課題解決型学習で世界の情報をキャッチする　48
20　Critical Questions で自律的学習者を育てる　50
21　学ぶ機会を多く作り生徒のモチベーションを高める　52
22　Multimodal Review で主体的に取り組ませる　54
23　授業の Closure は生徒中心で行う①　56
24　授業の Closure は生徒中心で行う②　58
25　授業の Closure は生徒中心で行う③　60

Chapter3

苦手な生徒も英語好きになる！
4技能5領域の指導アイデア

▶指導全般

26　活動内容を精選して自信を付けさせる　64
27　ICT を活用してクイズを作る　Jeopardy 編　66
28　ICT を活用してクイズを作る　Kahoot 編　72
29　4技能5領域はそれぞれ統合して指導する　78

▶リーディングの指導

30 レベル別個別式モニタリング音読で英語表現を定着させる 80
31 リーディングはコミュニカティブに行う 82
32 リーディングは Post-reading activity で創造力や
情報処理能力を向上させる 84
33 並べ替え問題は題材に関連のある初見の文章を用意する 86
34 並べ替え問題はレベル別タスクを用意する 88

▶スピーキング（やり取り）の指導

35 ディベートはアイデアを共有するディスカッションから始める 90
36 ディベートはピラミッドディスカッションから始める 92
37 ディスカッションは小物を活用してゲーム感覚で練習する 94
38 サバイバーディスカッションで即興的スピーキング力を伸ばす 96

▶スピーキング（発表）の指導

39 活動形態を工夫して大人数でもスピーキング活動を実現可能にする 98
40 7つの手順を踏んで即興で話す力と書く力を同時に伸ばす 100
41 プレゼンテーションはタイムマネジメントとフレーズで行う 102
42 発表する時は発表原稿の持ち方を工夫する 104
43 復習で行う質問文作成活動は難易度と学習形態を変えて行う 106

▶ライティングの指導

44 ライティングの指導は読み手を意識して
Creative に取り組ませる 108
45 ライティングの指導は必ず Peer Feedback を行う 110

▶リスニングの指導

46 ジグソーアクティビティは失敗から学ぶ　112
47 ジグソーは予習としてウォームアップの帯活動で行う　114

▶文法指導

48 比較級の指導は生徒を動かして行う　116
49 過去形の指導は想像力を働かせる活動を通して行う　118
50 Sequencers を活用して過去形を指導する　120

Chapter4

ちょっとの工夫で効果抜群！
授業づくりのポイントQ&A

Q1 活動をしても生徒が動かなくて困っています　124
Q2 発音指導は必要ですか　126
Q3 発音指導の優先順位が分かりません　128
Q4 Critical Thinking を付けるためには何をしたら良いのでしょうか　132
Q5 リスニング指導で生徒が飽きてしまいます　135
Q6 活動や発問を考える時に，何をベースにしていますか　142
Q7 英語の指導案はどのように書けば良いのでしょうか　144
Q8 テスト問題を工夫したいのですが　150
Q9 授業改善のために何をしていますか　152
Q10 英語嫌いな子も必ず乗ってくるとっておきの方法はありますか　154

あとがき　158

Chapter 1

生徒のやる気をアップする！
教室環境・雰囲気づくり

1 英語授業における座席は生徒が自分で決める

 生徒にとって楽しみの1つが，席替えです。英語が得意な生徒と苦手な生徒をペアにして座らせたり，苦手な生徒を教師が手助けしやすい位置や教室の前に座らせたりなど，状況に応じて臨機応変に対応します。ここでは，生徒が自分自身で座席やペアを決める方法を紹介します。

1 タスクに合格した人から順番に座席を決める

 誰の隣に座るか，同じ班には誰がいるかなど，その時のペアやグループのメンバーによって，授業への取り組み姿勢が変わることは，よくあります。そこで，タスクが終わった生徒から，（自分の）好きな席に座ることを許可します。毎時間でなくても，時々このようにして席替えすると，教室の雰囲気も変わります。生徒には自由を与える代わりに，真剣に参加するという責任も与えます。グループ対抗にして勝ったグループから順番に好きな席に座ることができると言うタスクを考えます。例えば，4人グループを作り，前

回の授業で学習した単語及び，その単語の同義語や反意語，テーマに関連のある単語を制限時間内に紙にたくさん書けたグループの勝利です。更に，グループごとに単語を書いた紙を次のタスクに利用します。まず，その紙の束を４人班の机の真ん中に裏返して置きます。順番に１人が紙を１枚取り，単語の定義を即興で考えて言います。他の３人はその定義を聞き，単語を答えます。リスニング，スピーキング，スペリングも意識させた語彙力増強を狙った活動ですが，このゲームに勝つために関連性のある語彙を，生徒が自ら予習してくるという波及効果もあります。

2　座席の配置はタスクごとに変更する

　前を向いて座る講義スタイル，５人のコの字スタイル，２人で机を並べるスタイル，４人班，６人班，８人班から，教室を４分割したLearning stationスタイルまで，タスクに応じて常に生徒を移動させます。

● Learning station

　Learning stationとは，あらかじめ決められたその日の授業リーダー４人によるミニ授業ブースです。企業の展示会ブースのように，教室の４隅にリーダーが立ち，可動式のホワイトボードなどを用いて５分間授業をします。他の36人の生徒を，９人ずつ４箇所にバランスよく分けて移動させます。生徒の発話数の確保と話しやすい雰囲気を重視して人数を決めます。そのタスクをするにあたり，暇を持て余す生徒がでないように人数分けや座席配置を考えます。

セバス先生発・ワンランク上を目指すアドバイス！

　Learning stationタスクは，あらかじめローテンションを組んでおき，全員が学期中に１回は担当するように計画します。予習や復習，文法説明や語彙トレーニング，内容理解クイズなど，生徒の好みに応じて自由に考えさせます。

2　教室全体を最大限に利用する

　教室にパソコンや，タブレットなどを導入してインターネット環境を整えると，更に学習環境は改善されると思います。しかし，学校によって差はありますが，まだまだ従来通りの学校が多いです。そこで，ちょっとした工夫で生徒のやる気を刺激する方法をお伝えします。

1　照明と音楽を活用する

　教室環境と言えば，まずは照明です。教室の蛍光灯1つでも授業に役立ちます。例えば，授業の開始時に教室の照明をオン，終了時にオフにすることで，切り替えができます。教師の授業開始の言葉を発することなく，照明がその合図になり，スムーズに授業の開始と終わりを告げることができます。
　次に，音楽です。コンセントとCDデッキがあれば，どの教室でも実施できます。休憩時間中に洋楽を流して，授業開始のチャイムが鳴り終えると同時に音楽を止め，授業をスタートします。チャイムがあるから照明や音楽

など必要ないと思いますよね。しかし、生徒にとってチャイムの音は普段から聞き慣れているので、あまり効果的ではありません。英語の授業ならではの洋楽を流して、英語の雰囲気を休憩時間から作ります。

照明や音楽は授業中にも活用できます。例えば、タスク中に音楽を流して生徒が声を出しやすい雰囲気を作ることや、タスクの終わりを示すために、照明を消すこともできます。こうすることで、教師が「Time is up.」や「Be quiet.」の指示をしなくても、生徒が動きます。

●掲示物を活用して宝探しを行う

掲示物を利用するパターンもあります。教室の前後の黒板には様々なプリントが貼られていると思います。それを目隠しシートとして活用し、問の答えや、ヒントなどを板書して、文字を隠します。掃除用具入れの中や、カーテンの裏側なども活用し、宝探しの要領で生徒を歩かせて、その答えを見つけさせる活動です。小学生は特に喜んで取り組みます。

●廊下や教室内のスペースを活用する

教室が狭い場合は、廊下を活用します。例えば、インフォメーションギャップを行う時に教室だけでは狭い場合、隣の教室で授業をしている生徒の邪魔にならないように、生徒を廊下に移動させて、静かに取り組ませます。机を教室の後ろに全て移動させて、教室の床に座って授業をしたり、椅子だけ持ってこさせ、ハンカチ落としのような大きな円の形態での授業もします。

セバス先生発・ワンランク上を目指すアドバイス！

教師が指1本を天井に伸ばす合図を見た生徒が次々に同じポーズをとり、静かにさせる方法もあります。このように照明、音楽、掲示物、机や椅子の移動、廊下の使用で空間に変化を付けてモチベーションを高めます。

3　グルーピングで授業の雰囲気をがらりと変える

　毎時間，授業の始めに様々な手を使って新しい班を作り，ペアワークやグループワークに息を吹き込みます。例えば，生徒を誕生日順に教室の前後に列を作らせ，同じ月や近い月同士でグルーピングする方法もあります。

1　好きな番号でグルーピング

　生徒数が20人などの少人数では4人班を5つ作ります。生徒に付箋を1枚配布し，好きな番号を書かせ，書き終わったら番号が近い者同士で班を作るように指示します。例えば，1～5を書いた生徒はグループA，6～10を書いた生徒はグループB，11～20はグループC，21～50はグループD，それ以上はグループEのように決めます。あまりにも生徒が書いた番号がバラバラで近い数同士で班を作るのが難しい場合は，1桁の偶数グループ，1桁の奇数グループ，などで分けます。人数が合わない場合も気にすることはなく，調整して前後のグループに入るように指示します。毎時間グル

ープを変えるので，多少調整しても生徒の不満なども出にくくなります。

　40人の場合は6人班を4つ，8人班を2つ作ります。しかし，40人授業の場合，同じやり方では時間がかかってしまうので，列ごとに移動するパターンや，グループ内で他の生徒と重ならないように好きな番号（班番号1～6）を口頭で決めさせる方法もあります。8人班のところは1，2番を，2人ずつ選ぶように指示します（例：1，1，2，2，3，4，5，6）。

2　単語の種類でグルーピング

　あらかじめ教師が生徒に配布するハンドアウトの片隅に色々な単語を書いておきます。これから扱う題材に関連性のある語彙を選択すると良いです。例えば，soccer が出てくる本文では，スポーツ班と名付け，1枚のハンドアウトには soccer，他の5枚のハンドアウトには別のスポーツの名前の単語をそれぞれ書き，6人1グループが完成するようにします。他にも本文に take part in が出てくれば，join，participate in（同義語グループ）などパラフレーズしたものを準備したり，同じ文法形式の例文を1文書いてグルーピングしたり，共通点を色々考えてハンドアウトに仕込みます。教科書のレッスンに出てくる言葉を選び，名詞，形容詞，動詞などの品詞でグルーピングできるように数を調整して書きます。生徒はハンドアウトを受け取ると，全員立って，同じグループのメンバーを見つけて，新しい班を作ります。

セバス先生発・ワンランク上を目指すアドバイス！

　生徒が同じ仲間を見つける時に使用する言語を，英語のみに限定すると知的負荷がかかります。また，誕生日などのグルーピングはジェスチャーのみで一切声を出させずにグルーピングさせると，楽しい雰囲気が作れます。

4 生徒の声量をあげるために声が自然と出る雰囲気を作る

　授業は，起立させ，挨拶することから始めることが多いです。その時に，生徒の挨拶の返事の声が小さい，あるいはほとんど聞こえない状況であれば，なんとかしてその状況を打破したいと考えると思います。とてもシンプルな方法ですが生徒が声を出しやすい雰囲気を意図的に作ってあげると，同じ生徒でも別人のように声を出して授業に参加するようになります。

1　ペアを組んで起立したまま授業を始める

　「大きな声で，もう一度，やり直し！」これだけでも，メリハリを付けるという意味では機能するかもしれません。しかし，生徒からすると，「注意された，面倒くさい」という気持ちになっている可能性があります。そうさせないためにも，生徒が自分から声を出そう，という気持ちになるような手立てが必要です。例えば，挨拶の時に，生徒も立っていると思いますが，そのままの状態でペアを組ませてクイズを出し合うことから始めます。そのク

イズは前時の内容の復習であったり，この後に行う小テストに関する練習であったり，何でも OK です。とにかく，ペアで話し合わせることが肝心です。ペアを組むということは，話さざるを得ない状況が生まれます。一人ひとりが相手に伝えなければ成立しない状況を作ると，生徒の声量も自然と大きくなります。ゲーム形式で，正解した生徒から先に座れるといったようにすると，楽しみながら取り組みます。

2　個別に確認することを事前に告知する

　ペアではなく，1人でも声量を大きくする方法もあります。例えば，前時の授業の復習として音読をさせます。しかし，何も手立てがないと，恐らく小さな声でぶつぶつと言うだけになってしまいます。生徒からすると，「自分1人が声を出していなくても気付かれないだろう」という気持ちになっています。そこで，教師が一言「一斉音読練習の後に，Read & Look Up をします。ランダムに指名して Read & Look Up チェックをするので，1文正しく言えたら，その縦列か横列の生徒，あるいは同じ班の生徒か前後左右の4人は座れます」と言います。このように，合格したら座れるシステムを事前に知らせてから音読に取り組ませると，生徒は恥ずかしい思いをしたくない，といった気持ちや，合格して友達に良い所を見せようという気持ちで取り組むので，音読の練習段階でも十分な声量で取り組みます。

セバス先生発・ワンランク上を目指すアドバイス！

　このような取り組みが，この後に行う予定の小テストに繋がっていて，そのことを生徒も知っていれば，生徒のやる気も一段と変わります。つまり，生徒が目的を知っているのか知らないのかでは，同じ事をしていても生徒の取り組む姿勢は変わります。回りの生徒の声量が大きくなるにつれて，クラス全体の声量も大きくなります。まずは意図的に，声が自然と出る雰囲気を作りましょう。

5　生徒側と教師側の姿勢の両方で授業規律を高める

　授業規律を守らせるためには，教師側の毅然とした態度を生徒に示すだけでなく，生徒側にも責任感を持たせ，主人公は自分たちであるということを意識させる必要があります。授業規律は最初に伝え，授業中にも場面ごとに具体的に伝えていくと，学習に対する姿勢が変わり，授業態度も変わります。

1　生徒側の姿勢を変化させる

- 「顔を上げる」　教師が話をしている時は，必ず顔を上げて話を聞く。
- 「ペンを置く」　教師が話をしている時は，基本的にはノートにメモなどを取らせない。
- 「静かにする」　教師や他の生徒が話し始めたらすぐに静かにする。
- 「正対する」　ペアワークの時には，顔だけでなく，相手に体ごと向き合って活動する。
- 「手に持つ」　音読時の教科書は机に置いた状態でするのではなく，立って手に持って音読する。

・「意見は言うのではなく伝える」 全員に聞こえる声量で言う。

　これらは授業規律を守るための基本中の基本ですが，意外にもできていない生徒が多いと思います。また，教師も最初のオリエンテーション時にハンドアウトで配布してルールを明確化し，授業中にも守られていない場面に遭遇する度にその場ですぐに指導します。こういった小さなルールが積み重なり，クラスの良い雰囲気を徐々に形成していきます。

　生徒自身がペアを育てる・ペアに育ててもらうといった学び合いの姿勢を育てることも重要です。例えば，音読時に１人が英文を読み上げ，ペアの相手がその英文を見ずにリピートする活動の場面では，ペアの相手がリピートできない時は，できるまで何度も言い続けます。ペアの相手も自分から「One more time.」と言い，リピートを要求します。

2　教師側の姿勢を変化させる

　教師側の授業規律の基本は，真摯に向き合う姿勢を貫き通すことです。最初は厳しくスタートしたものの，２学期から優しくなったり，逆に最初は優しかったのに途中から急に厳しくなったりすると，生徒の混乱を招き，不満の声が出てしまいます。もちろん，途中から変更することが必要な場合もあると思います。しかし，その時も生徒にきちんと説明し，教師の軸がぶれないことが何よりも重要です。例えば，提出物のチェックにしても，提出させる日を事前に伝えたのであれば，必ずその日に提出させます。小テストをすると告知したのであれば，実施します。ほんの些細なことかもしれませんが，教師が約束を守らなければ生徒が守るはずがありません。

セバス先生発・ワンランク上を目指すアドバイス！

　愛の鞭ならぬ愛のダメだしは授業規律を守るために必要です。リピートの声量は全員が聞こえるまでやり直しさせる，発音もOKが出るまで直してあげるなど要求ラインを下げないで，その位置まで生徒を引っ張ってあげましょう。

6 活動ごとにワンクッション置いて集中力を持続させる

　生徒の理解度を確認したい時や気分を変えて次のタスクに集中して取り組ませたい時は，活動ごとにチェックタイムを設けます。教師からの発問に応答させたり，ジェスチャーや絵を使って表現させたりします。様々な方法を用いて確認すると，どの生徒も置き去りにされることなく集中力を持続させて次のタスクに移行できます。

1　ジェスチャーで確認して集中させる

　教師の問いに対してYesなら手をパーにNoなら手をグーに，あるいは親指を上にgoodのサインや下にbadのサインで表現させます。その場で立たせたり，座らせたりすることも可能です。本文の復習などで教師が説明したり意見を述べたりした時に，その説明や意見に同意する場合は拍手や机をたたかせ，賛成できない場合や間違えていると思った時は足踏みをさせます。
　他にも教師の問いに対して理解して答えられる場合は座った状態のままで

いて，分からない場合や答えるのが不安な場合は，立ち上がって座っている近くの生徒に聞きに行くようにします。

2 絵を使って生徒の理解度を確認して集中させる

　教師からの発問に答えるだけでなく，生徒が授業で学習したことを絵で表現します。絵で表現するためには，内容を理解し，全体像を頭の中に描いて，更に必要なポイントを取捨選択してビジュアル化させるので，その過程の中で深く考えるようになります。

　他にも３コマ漫画で全体の流れを意識させて本文の内容を表現させる方法もあります。言いたいことが多くて１つの絵だけで表現することが難しい場合は，３コマ漫画の方が表現しやすい時もあります。

　また，絵を描かせる前に，本文のストーリーを表すキーワードを５個選びなさいと指示します。そうすると，生徒はキーワードを選ぶためにもう一度考えながら本文を読み返します。キーワードを選んだ後は，その単語についてのイメージを絵で描かせます。そしてペアを組ませ，相手にその絵を見せて，その絵から連想する単語を相手に正確に言わせる練習です。発展編としては，単語だけでなく，その絵とキーワードを繋ぎ合わせて，ストーリーを口頭で言う練習をさせます。

セバス先生発・ワンランク上を目指すアドバイス！

　教師対生徒だけでなく，生徒同士のペアやグループで取り組ませると，準備に時間をかけずに，協力して取り組ませることができます。タスクごとにワンクッション置いて，生徒同士で確認する時間を用意してあげると，長期記憶として定着させることに繋がります。

7　授業のペースはテンポ良く着実に行う

　より良い英語授業を目指した時に，授業をテンポ良く行うことが大切です。しかし，早ければ良いというものではありません。早すぎて生徒がついてこられないと意味はないですし，早く終わった生徒を退屈させないようなペースも考えなければいけません。

1　授業を意図的にテンポ良く行う工夫

●1指示1行動でテキパキ行う
　できるだけ生徒が受身になる時間を少なくするために，教師が説明する時間を意図的に短くします。生徒の活動時間を確保するためにも言葉による説明はできるだけカットし，1つの指示ごとに生徒を動かし，指示とタスクが同時進行できるように，短く簡潔にタスクの流れを指示します。
●板書やハンドアウトの配布のタイミングも考える
　教師が板書しているのを生徒が見つめて待っている時間も授業ペースを遅

くしてしまう大きな原因です。生徒が前の活動を行っている最中に，さっと板書を終えたり，次の活動で使用するハンドアウトをスムーズに配布しやすいように列ごとに分けて置いたりして，次の活動の準備をします。

●活動ごとに小休憩を取る

1つの活動を終えるたびに，生徒も一緒に拍手してから次の活動に移ります。あるいは，活動を終えた後にすぐにその活動で学んだことを30秒で隣の生徒に口頭で伝えさせたり，各自でノートに30秒でまとめさせたりします。活動ごとの切れ目を意識させると，気分を変えて次の活動に取り組めます。

●鳥の大移動方式で反応を早くする

教師の発問に素早く反応できるように，歩きながら生徒の目を見て机をタッチしたり，呼名したりして誰が答えるのかを明確にして発問します。指名された生徒がすぐに反応できなかった場合は，そのまま教師の後ろに並ばせます。別の発問に他の生徒が答えられなかった場合や，教師が指名せずに発問した時にジャンプインして発言し，正解であれば自分の席に戻れます。

●制限時間を設定する

1人で考える時間，ペアで伝え合う時間など，全ての活動に時間を設定し，黒板にタイマーを表示させて生徒を忙しくさせます。

セバス先生発・ワンランク上を目指すアドバイス！

声のトーンをわざと変えたり，何も言わずにジェスチャーやパントマイムだけで指示を出したりして，常に生徒の顔を上げさせ，視線を教師に向けるように誘導します。意外と生徒が下を向いていることに気が付きます。

Chapter 2

主体的・対話的で深い学びを実現する！
場面別・授業マネジメント

▶導入ウォーミングアップ

8 クラスルームイングリッシュは活動を通して定着させる

　クラスルームイングリッシュの指導において，押さえておくべきポイントは，どのような活動であったとしても，表現だけを取り出してやみくもに覚えさせるのではなく，自然な文脈の中で使用させる場面や状況を，生徒自身に考えさせるように仕向けることです。

1　グループでポスターを作る

　最初に教師が20個程度授業で生徒が使うであろう表現をハンドアウトにまとめて配布します。
例：Whose turn is it? It's my turn. Can you lend me a…? What do we have to do now? など。
　次に，4人グループを作り，その中から特に自分たちが使いたい表現を選ばせます。選び終わった班に画用紙を渡し，ポスターを作らせます。表現の

左端にはチェックボックスを書けるスペースを空けておきます。授業中にいつでも参照できるように，教室の壁に貼り，生徒がその中の表現を使用した時には，チェックマークを入れさせます。

2　グループやペアでスキットを作る

　生徒やクラスの雰囲気，習熟度などに合わせてクラスルームイングリッシュの定着方法を変えます。取り組みやすい方法の1つとして最初はペアを組ませ，1人がジェスチャーでクラスルームイングリッシュの表現を示し，もう1人がどの表現かを当てる練習です。生徒は配布されたクラスルームイングリッシュの表現の中から自分で選択し，声を出さずにジェスチャーだけでその英語を表現します。1つひとつ交互に行うパターンや，時間や回数を決めて交代させるパターンもできます。

　次に，4人グループを作り，ショートスキットを考えさせます。クラスルームイングリッシュの表現を参考に，どのような場面や文脈で使う表現かを考えさせ，3つ程度をつなぎ合わせて場面別ショートストーリーを演じさせることもできます。更に発展させて，クラスルームイングリッシュの表現を3つだけではなく，制限時間を決めて，時間内にできるだけ多く使用して4人全員である程度長さのあるスキットを考えさせることもできます。

　このように生徒の実態に応じた方法を考えて行えば，英語が苦手な生徒も得意な生徒も，一緒に協力して活動に取り組むようになります。

セバス先生発・ワンランク上を目指すアドバイス！

　ここで紹介させていただいた方法以外にもクラスルームイングリッシュを定着させる方法はたくさんありますが，活動自体を生徒自身に考えさせるとアイデアの数も倍増し，目の前の生徒に合ったオリジナルなものができると思います。アクティビティも生徒に作らせてみましょう。

9 プランニングの可視化で教師も生徒もモチベーションを高める

　本時に扱う内容を「Today we will」「SWBAT」と板書し，その後に1，2，3，4，5と番号を振り，活動内容と生徒がこの授業を通して何ができるようになるのかを簡単に板書します。単純ですが，効果は抜群です。

生徒にとってのメリット：レディネス，モチベーション
教師にとってのメリット：プランニング，進捗状況把握，振り返り

1 授業前に本時の内容と達成目標を板書する

● Today we will
　「本時の流れ」と「達成させたいこと」を板書します。これだけで，生徒の授業に対する取り組む姿勢を変えることができます。教師にとっての変化は，授業計画を立てる時に，何をするかを系統立てて考えるようになります。

そのプランニングは必ず生徒にどのような力を付けさせたいのかが前提にあるはずです。授業中はタスクが終わるごとにチェックマークを入れます。時間配分や計画通りに進めているかなど進捗状況を確認することもできます。授業の最後に振り返りの時間を3分程度確保し，授業中に学習したことを質問形式で生徒に確認しながら本時の授業のまとめと振り返りを行います。

● SWBAT

Students will be able to ～のイニシャルを表しています。この授業を通して生徒にどのような力を付けさせたいのかを板書します。プランニングの段階で内容と達成目標が繋がるように考えて準備することが大切です。「Today we will」と「SWBAT」のロジカルフローを考えたプランニングで重要な点は，生徒の成長イメージ（授業後の達成感）を持つことです。

2 本時の内容と達成目標は生徒と共有・活用する

休憩時間から板書を始め，授業が始まる前に生徒の注目を引き付けます。生徒もこの後の流れが分かるので，安心してチャイムと同時にスムーズに授業を開始することができます。授業中はタスク終了のチェックマークを随時確認させることで，遅刻してきた生徒や，ボーっとしてしまい授業の流れに遅れてしまった生徒もどの段階にいるのか容易に確認できます。授業後の振り返りの時間では，本時のまとめとして何をしたか，何ができるようになったかを自覚させて，達成感を得るように仕向けます。

このように，毎回の授業で扱う内容のアウトラインとその授業を受けた後に具体的に何ができるようになっているかを最初の段階で生徒と共有することで安心感を与え，信頼関係を築く最初の一歩に繋がります。

セバス先生発・ワンランク上を目指すアドバイス！

より良い授業のための本時のメニューは，教師側と生徒側の双方が目に見えてメリットがあるものを板書して活用すると，授業改善にも役立ちます！

10 グルーピングからウォーミングアップに繋げる

　マンネリ化を防ぐためにも，生徒が様々な生徒と英語を学習する空間を作り出すグルーピングは効果的です。授業ポイントを取り入れたグルーピング（形容詞の導入，語彙力にフォーカスなど）は，ウォーミングアップとして位置付けることができるため，スムーズに次の活動に移れます。

1　語彙力増強を目指してグルーピングする

　まず，小さい紙に形容詞が1語のみ書かれた紙を1人1枚配布します。生徒はその形容詞が書かれた単語を持ちながら教室中を歩き回り，同じ意味を表している形容詞が書かれた紙を持っている他の生徒を探します。例えば，"cool, chilly, cold, freezing" の紙を持っている4人の生徒は，「寒い」という意味が共通しているので同じグループを作ることになります。このように同じ意味を表している形容詞の紙を持っている生徒を見つけるためには，自分が持っている単語の意味だけでなく，どのようなジャンルを表している

かも考えなければなりません。ただし，40人クラスのように生徒の人数が多い場合は単純に歩き回ってグルーピングさせることは効率的ではありません。その場合は，2列ごとで組み合わせが完成するように考えて紙を配布し，生徒にもその2列の中でグループを作るように指示します。あるいはクラスを半分に分け，左右の中でグルーピングできるように配布し，その中でグループを見つけるように指示します。

4人グループが完成したら，その単語を板書させてその横に繋がりのある名詞を書かせます。
例：cool place, chilly breeze, cold air, freezing morning など。

次に意味的に関連のある別の単語（同意語 synonym）を辞書で調べさせて板書に追加させます。例えば，biting, icy, nippy, shivery, frozen, frigid など。この活動をさせるには，あらかじめ生徒に辞書を持参させておく必要があります。

制限時間を決めて，ある程度単語が出つくしたら，着席させてグループごとに書いた単語を上から順に生徒に読み上げさせます。その時も必ずグループの生徒全員が発言する機会を作るために，1つずつ交代で言うように指示します。座って聞いている他の生徒がその読み上げられた単語の意味を知らなかった場合は挙手させ，読み上げた生徒にその単語の意味を別の英語や例文を用いて説明させます。もし読み上げた生徒が説明できずに困っている場合は，他のメンバーが代わりに説明をしてあげることも OK にします。

セバス先生発・ワンランク上を目指すアドバイス！

グルーピングの目的は，生徒同士の学び合いの機会を増やすだけでなく，授業のウォームアップとしても効果を発揮します。毎時間とまではいかなくても週替わりで新しいグルーピングを行い，様々な生徒同士の対話的な学びの機会を設定しましょう。生徒にとってもペアワークやグループワークは非常に大切な要素です。

11 授業のチェックインとチェックアウトはオーラルリフレクションを行う

　If no, why not? / If so, what next?　理解できていなかったら，どこでつまずいているのか，理解したら次は何をするのか。これらを常に意識して授業を振り返ると，毎時間の授業がリンクしながら積み重なっていきます。そのためには，前時の授業とリンクする問いで始め，問いで終わることが大切です。

1　たったの2語で主体的・対話的で深い学びに繋げる

● Aha!：新たに知ったことや学んだこと　　　Huh?：質問，疑問点
　黒板に Aha! と Huh? と板書し，生徒に前回のレッスンで学んだことと疑問点を書かせます。人数が多い場合はグループに A3用紙を1枚配布し，左右にこの2語を書かせます。それぞれの点につき1人1つは書くように指示し，班の全員が書き終えたらグループでディスカッションさせます。

2　オーラルリフレクションは5種類のローテーションで行う

● What new things did you learn from the last lesson?
　前時の内容を確認する時に用いる問いです。単語，文法，内容，ピアフィ

ードバックの方法など，具体的に何をしたかを思い出させます。
● What was the most motivational activity?
　自分が最もやる気を持って取り組めたタスクを思い出させ，考えさせます。タスクの種類が多いと生徒も選択しやすいと思います。
● After yesterday's class, I felt (　) because (　).
　授業の感想を伝え合うリフレクションです。形容詞とその理由を伝える活動なので，リラックスして取り組めます。
● Something that [surprised / interesting / pleased / worried] you.
　授業の感想を具体的な形容詞を選んで自分で言う活動です。生徒によって英文の長さは自由に調整させます。
　これらの質問は前時の復習だけでなく，本時のまとめにも使えます。

セバス先生発・ワンランク上を目指すアドバイス！

授業終了１分前に生徒の理解度を簡単に確認する方法を紹介します。
グーチョキパー Finger assessment：
　５（パーの状態）＝ I completely understand.
　４＝ I mostly understand.
　３＝ I understand pretty well.
　２（チョキの状態）＝ I need more practice and examples.
　１＝ I need help.
　０（グーの状態）＝ I don't understand at all.
　本時の授業をどの程度理解できたかを質問し，生徒は自分の理解度を表す指の数を考え，その指を教師に示します。０〜２までの指を示した生徒は教卓の前に集合させ，休憩時間にフォローアップしたり，放課後に補講を開いたりします。このように生徒の理解度を瞬時にキャッチして，理解が不十分な生徒に個別対応します。

12 次回のウォームアップクイズは生徒が作ったものを利用する

一人ひとりが安心して質問や意見を言える環境を作るには生徒の声を集めてそれに応えることです。ここでは，前回の授業で学習したことを本時の授業とリンクさせ，主体的に参加させるウォームアップ方法を紹介します。

1 オピニオンボックスシステムで生徒の疑問に答える

生徒が授業中に理解できなかったことや，もう一度説明を聞きたいこと，やめてほしいこと，続けてほしいことなど，授業に関する事であれば何でも理由や思いを添えて自由に書いてもらう方法です。付箋と封筒をグループごとに配付し，グループ番号を記入させて回収します。ただ，最初から教師が答えるのではなく，まずは生徒同士で考えさせるために他のグループと封筒を交換させます。その後に生徒では答えられない質問には教師が口頭や付箋に直接書き加えるなどの方法で回答します。

2　ポスターを活用する

　4人グループを作り，各グループにA3サイズのポスターを2枚配付し，授業のまとめの活動として，学習したことに関するクイズを一緒に考えさせて，紙に書き出させます。もう1枚の紙にはその質問の解答を書かせます。全員参加させるためのルールとして，1人2文以上は考えて記入しましょうと指示します。次回の授業のウォームアップでは，隣のグループと質問が書かれたポスターを交換し，グループ内で相談しながら解答を直接ポスターに記入するように指示します。全てのグループが解答を書き終えたころを見計らって，2グループ合同で答え合わせを行います。答え合わせの方法は，まず，グループAの質問文の作成者が作成した質問を読み上げます。次に，解答を記入したグループBの生徒は自分の解答を読み上げます。こうすると，責任を持って質問文と解答の作成に取り組みます。

　次に，そのポスターの質問文と解答の両方を前後の黒板に貼らせて，ギャラリーウォークで個人個人メモ用紙とペンを持たせて歩かせ，重要そうな質問文だと自分で判断したらメモするように指示します。

　活動後の再利用方法はポスターを教室に貼る，あるいはコピーして生徒に配布する，メモさせたものを記録させて単元の終わりに「生徒の生徒による生徒のためのクイズ大会」と題して復習テストを実施することもできます。

セバス先生発・ワンランク上を目指すアドバイス！

「What did you learn? So what? (Why was it important?) Now what? (How can you use this information?)」授業で何を学んだか，の段階から，なぜそれが重要かを考えさせ，更に学んだことをどのように活用するかまでを生徒に考えさせることが大切です。

▶展開

13 教師のインストラクションは5つのポイントを意識して行う

　ティーチャートークを意識している場合と意識していない場合では，教師の指示の量が大きく変わります。組み立て部品の説明書の説明文が長すぎると読む気すら失せてしまいませんか。教師の指示は必要最小限で済むように計画し，全員が理解していることを確認してから開始しましょう。

1　教師の指示は短くコンパクトにする

● Limit（5）
　教師の指示は最大でも5つ以内に終えるように考え，活動を始めます。プランニングの段階で5つ以上になってしまう場合は，不要な言葉はないか，削れるところはないか，指示が重複していないか，言葉で説明せずに，ジェスチャーやデモンストレーションで指示できないかを考えます。
● Short one sentence ＝1 thing
　1つの指示の長さも短くなるように意識します。だらだらと長く説明する

と生徒の集中も切れ，何をすれば良いのか分からなくなってしまうので，言いたいことは1つに絞り，1文1メッセージを心がけます。

2　全体の流れを考えて，理解しているかを確認する

● Say what needs to be done

生徒が理解していない表情を見せていれば，For example first, you do ～ like this と言い，具体的な別の表現に言い換えて指示します。

● Check for understanding

教師の指示がきちんと理解できているか確認しなければ，もしかしたら理解できなかった生徒が置きざりになっている可能性があります。理解していない生徒がいる状態では，ペアワークやグループワークなどでは特にスムーズに開始できません。理解している生徒にとってもその後の活動に少し遅れて取り組むようになってしまいます。

Instruction の確認方法

説明後に誰か1人の生徒を指名して，この後何をするのか口頭で言わせ，再確認します。もし，指名した生徒が説明できなかった場合は，別の生徒を当てて説明させてもう一度同じ生徒（最初に説明できなかった生徒）に説明させます。

● Sequenced

指示が行ったり来たりだと，生徒を困惑させてしまいます。シンプルに，順番通りに，細かいステップごとに，指示をするように心がけます。

セバス先生発・ワンランク上を目指すアドバイス！

動詞を中心に，何をするのかを一言で表せるように日々訓練しましょう。指示の時間を削り，生徒が英語を使う時間を確保しましょう。

14 質問は段階を踏んで Level 1 から Level 3 まで用意する

「質問」は,学習を促進させるのに,重要な役割を果たしています。質問を考える時は,Bloom's Taxonomy の Low level thinking skills から High level thinking skills までの段階を踏んだ質問を意識します。参考になるのは Bloom's Taxonomy and Costa's levels of questioning です。(Adapted from : https://www.bcps.org/offices/lis/researchcourse/documents/questioning_prompts.pdf)

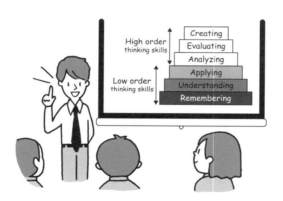

1 level 1 から level 3 までの発問例を参考にする

Introduction of knowledge-level 1 : remembering and understanding
Why did ~ ?/Can you remember ~ ?/How would you summarize ~ ?/What does ~ mean?/How would you say that in another way ~ ?

Practice knowledge learned-level 2 : applying and analyzing
How would you use ~ ?/What would happen if ~ ?/How is it related to ~ ?/Can you list the parts ~ ?/What conclusion can

you make 〜?

Demonstrate mastery-level 3：evaluating and creating

　How would you prioritize 〜?/What choice would you have made 〜?/What conclusion can you make about 〜?/What is your opinion of 〜?/Would it be better if 〜?/What would you recommend 〜?/Why was it better that 〜?

　それでは，本文のテーマがスポーツの時の質問例を具体的に紹介します。

Remembering：<u>Where</u> did he go? <u>Why</u> was he absent the school yesterday?

Understanding：<u>Can you explain what is happening</u> of the conversation between two people? Have you ever seen a live soccer?

Applying：<u>What would happen if</u> fans are complaining to the player after the team loses the match?

Analyzing：<u>How are fans related to</u> a professional sports player?

Evaluating：<u>Based on what you know how would you explain</u> the professional sports players' qualities? / <u>How would you prioritize</u> these ideas?

Creating：<u>What is your opinion of</u> a professional sports players not attending university?

セバス先生発・ワンランク上を目指すアドバイス！

教師の質問にあまり反応してくれない場合は，生徒同士で質問を作らせ，質疑応答の練習をさせると内容について考えるきっかけになるため，反応するようになり，学習を促進させます。Level 1のrememberingやunderstandingの段階から少しずつ取り組んで次のステージに進みましょう。

15 全ての指示に時間制限を設け，生徒の動きを機敏にする

　中学校や高校では，50分授業が行われていることが多いと思います。授業の開始時間と終了時間は，はっきりと決まっています。また，定期考査までの授業時間数や，年間授業時間数も年度当初のシラバスを作成する時に決定します。つまり，年間授業計画を立てる段階で，毎回の授業の到達点を考えていなければいけません。到達するためにタイムマネジメントを意識することは，非常に重要です。

1　時間は具体的に伝える

　教師がストップウォッチを首からぶら下げて，活動ごとに時間を設定し，常に時間を意識しながら授業を行うことは，活動にメリハリが生まれるだけでなく，計画通りに授業を進める上でも大切です。もちろん，時間ばかりにとらわれてしまって，生徒の様子を観察できなくなってしまっては，本末転倒です。しかし，タイマーやストップウォッチを使うだけで，生徒の活動の

様子が，目に見えて変わると思います。
　時間設定する場面は授業形態を変更する時にも有効です。例えば，4人グループの活動では，10秒以内に机を動かすように指示をします。何も言わずに4人グループを作らせてしまうと，生徒同士のおしゃべりが始まり，だらだらと動いてしまいます。その状態から静かに着席させて，こちらの指示を聞く姿勢を作らせるまでに1分ほどかかってしまうかもしれません。
　他にも生徒がペアで答え合わせをする時は，音付きのタイマーを15秒に設定し，始まりと終わりを音で知らせます。音付きのタイマーがない場合は，卓上に置けるベルを鳴らして注意をこちらに向けさせます。
　ペアでのQ＆A活動では，3秒以内に答えを言うように指示します。3秒にタイマーを設定するのではなく，生徒に，指でカウントさせるだけで十分機能します。

2　生徒自身にタイムマネジメントさせる

　個人での取り組みでも，生徒にストップウォッチやタイマーを配布し，自分でタイムマネジメントできるように育てます。ワードリストを上から下まで全ての単語を読み上げる練習では1分に設定して，タイムトライアルに取り組ませます。速読の時のWPMを計測するのと同じ要領で，生徒は読み終えたらすぐにタイムをチェックし，時間を記録します。プレゼンテーションのリハーサルでもあらかじめ定められた時間を表示して練習させるため，本番のパフォーマンスも向上します。

セバス先生発・ワンランク上を目指すアドバイス！
　黒板に表示できる大きなタイマーがあれば有用ですが，パソコンでタイマーを表示することもできます。キッチンタイマーなら100円程度でも購入できます。ペアに1つ用意しても20個，全員に用意しても40個です。

16　時間を作る

　授業準備に時間をかければかけるだけ，良い授業に繋がることに異論はないと思います。しかし，教師は日常，担任業務，分掌の仕事，補講や宿題チェックなどで時間に追われていると思います。そこで，内容を精査して，業務の効率化を図ることは大切です。また，50分の授業時間の使い方も工夫して，生徒が主体的に動く時間を作り，定着率を高めることも大切です。

1　提出物チェックの効率化を図る

　各クラスに英語係を決めて，教師の仕事の手伝いをしてもらいます。最初の授業で，2名を英語係として任命します。英語係の仕事は，帰りのHRで，次回の授業の連絡をしてもらいます。こうすることで，授業中に聞き漏らした生徒への対応や宿題や忘れ物の防止に繋がります。次に，提出物のチェックを教師がする前に，クラス名表をファイルに入れて英語係の生徒に渡します。回収と提出したかどうかのチェックを英語係の生徒に任せます。その後，

教師が内容をチェックしてから返却します。こうすることで，提出したかどうかのチェックの時間は省略できるので，教師は提出物の内容を集中して確認できます。

　他にも時間を作る方法として，毎時間の復習としてのワークブックのチェックなどは，生徒が小テストを解いている間にさっと済ませます。もちろん，定期考査や月ごとに提出させて，しっかりチェックをすることも必要です。加えて，ワークブックなどの確認を毎時間行うことで，生徒の学習の習慣を付けることにも繋がります。授業時間内にチェックすることで，時間の効率化も図れます。こうすることで，生徒もコツコツ取り組むようになり，テスト前に，ワークブックに全く手を付けていないといった状況も回避できます。簡易的でも宿題を毎時間チェックすることの波及効果は大きいと思います。

2　静の時間と動の時間を作る

　教師が一方的に継続して説明する時間は5分が限界です。生徒が受け身の状態がそれ以上続いてしまうと，集中することが難しくなります。そこで，説明と説明の間に生徒に考えさせる時間を作ります。簡単な例ですが，「今聞いたことを，隣の生徒に分かりやすく説明しましょう」と言います。これだけで，静の時間（受け身）と動の時間（主体的）が組み合わさるので，集中力が続きます。

セバス先生発・ワンランク上を目指すアドバイス！

　パワーポイントやハンドアウトで板書時間を短縮し，「生徒の思考停止時間」をできるだけ排除します。試験では1秒たりとも無駄にできないのと同じように，授業でも授業準備でも常に時間との戦いです。常にコストパフォーマンスが高くなるように心がけていると，改善点は必ず見つかります。

17　立ち位置や音質を意識する

　生徒の席に座って授業を受けていると想像して下さい。40人クラスの場合は，40通りの違った目線があります。最前列の生徒の目線，最後列の生徒の目線，ど真ん中の生徒の目線，4隅の生徒の目線など座席の位置によって黒板の見え方や，教師の見え方，声の聞こえ具合などは全く違います。

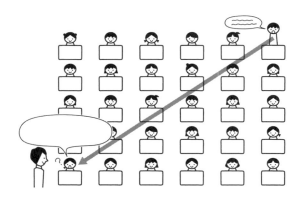

1　状況に応じて立ち位置を変える

　座席によって見え方や聞こえ具合が違うということは，目的や状況に応じて教師は，立ち位置や声のトーンを変化させる必要があります。例えば，音読やペアワークの時に机間指導をしながら全体の音声を聴きつつも，個別に発音指導などをするために，注意深く聞き耳を立てて動き回ります。教師が近くに行き，モニターすると，生徒のパフォーマンスは劇的に変わります。
　教卓の真ん中に立った場合は，全体を見渡すのに最適ですが，後ろの方に座っている生徒の机の上に置かれている物を確認したり，生徒の声を正確に

聞き取ったりすることはできません。そのため，定期的に黒板の前を歩きながら生徒を見る角度を変え，死角を減らします。教科書本文の音声CDを教卓に置いてリピートさせる場合は，教師は教室の後ろに立ち，生徒の音声に注目しながら一緒にリピートします。こうすることで，生徒は前からも後ろからもモデル音声を聴くことになり，後ろに座っている生徒でも聞こえにくいということにはなりません。また，教卓から離れると，生徒は大きな声で質問しなくても良いので，気軽に質問します。やみくもに机間指導するのではなく，目的を持って立ち位置を変え，授業の質を向上させます。

2 音質を意識する

英語教師の声は商品であると同時に作品であると考えています。生徒は何十時間もその音声を聴くわけですから，生徒にとっての英語は，担当者の英語そのものです。例えば，家電量販店にスピーカーやテレビを購入しに行く時に，スピーカーの音質やテレビの画素数は気にしませんか。もちろん人によっては聞こえれば良い，見えれば良いといった考えもあると思います。しかし，同じ価格であった場合，比較してどちらに惹かれますか。授業も同じです。通じれば良いレベルの音質から，より良い音質を心がけて生徒に届ける意識が商品としての価値を高め，生徒の音声を変えることができるのだと思います。

セバス先生発・ワンランク上を目指すアドバイス！

教室は舞台であり，稽古場だと考えています。生徒を惹きつけるために，教師が発する音声は場面ごとに七変化させます。生徒を指名して答えさせる時は，教師はその生徒から一番遠い場所に座っている他の生徒の場所に移動して，その生徒にリピートさせて，聞こえていたかどうかを確認します。

18 発問で教材に対する生徒の心を開かせ授業に生徒を引き込む

　発問を作る時は，生徒が読みたくなるような発問，正確に理解できる発問，深く考える発問などをベースに考えます。あえてトピックやタイトルは言わずに広義の発問から始め，テーマとの関連性を予想させる発問や，狭義の発問から始め，自分の立場に置き換えて考えさせる発問があります。

1　発問は導入・展開・まとめの3段階で準備する

　テストにおける発問とは，生徒の理解の確認のために行います。授業中の教師の発問の効果とは，教材に対する生徒の興味をひくで教科書を開かせることや，本文の内容理解を導くことで読書の世界に導くことや，作者のメッセージに気付かせることで作者の思いに対する深い思考に気付かせることや，本文を読む前と読んだ後で自分の考えの変化に気付かせることなどが考えられます。教材の特徴を捉え，授業展開ごとに良質の発問を準備することで，教師対生徒や生徒対生徒の英語のやりとりを楽しむことができます。それでは，Prominence English communication ⅠのLesson6 "A strange but true superhero" の展開別発問例を紹介します。

●導入

　教材に関する背景知識を活性化し，生徒の意識を話題に向ける発問です。生徒と英文を関連付けるには，生徒自身の経験や考えを尋ねます。例えば，What do you do when you see your friend forgets a boxed lunch? Did you have any other experiences helping someone like this or someone helped you? How did you feel when you helped or were helped by your friends? Who did you look up to when you were young?

●展開

　概要把握や，詳細な情報を読み取る発問，作者のメッセージに気付かせる発問を考えます。
What is the main topic? Why does Anpanman give people pieces of his head when they need help? What is the difference between Anpanman and other superheroes? Is Anpanman a strange hero or a true hero?

●まとめ

　本文を読む前と読んだ後で，自分の考えの変化に気付かせる発問です。After reading the text, did you change your image of a hero? Now, who is a real-life superhero to you? Why? What characteristics does the superhero have?

セバス先生発・ワンランク上を目指すアドバイス！

　本文理解を無理なく導くためには，生徒のレベルに応じて発問数や発問形式を見極めることが大切ですが，答え方も重要です。目をつむらせたり，ペンを頭上に挙げさせたり，後ろを向かせたり，選択式にして手を挙げさせたり簡単に表現させる工夫も大切です。

▶まとめ・振り返り

19 課題解決型学習で世界の情報をキャッチする

　決められた教科書に沿って学習し、生徒にとって興味関心の薄いテーマの単元を学習した時は学習意欲がわかない時もあると思います。そこで、「生徒が自分で考え、選び、調べる」をキーワードに、課題解決型学習に取り組ませると、どのようなテーマを扱った場合でも生徒を乗せることができます。

1　オーセンティック素材に触れさせる

　課題解決型学習を通して学習したテーマに更に深く関心を持たせ、社会で起きていることに目を向けさせます。課題を見つけるために、色々な情報を調べる過程で自然とオーセンティック素材に触れさせます。教室と世界を結び付けて考えさせると、情報の取捨選択や新しい発見もあり、生徒は目的を持って学習するようになります。

2　調べる内容は広く、書く内容は絞る

　課題解決型学習を行う時に意識していることは、時間と内容です。どれく

らいの時間を費やすことができるのかと,どの程度の完成度を求めるのかの2点は最初に考えます。時間をかければかける程,内容に厚みと幅が生まれますが,現実的に授業時数との関係を考えて実行可能なプランニングが大切です。1単元が8回程度で進むペースであれば,10回にして追加の2回で実施します。あらかじめ,単元の最初にレッスンのまとめとして課題解決型学習を行うことや実施時期,内容を生徒に伝えておくと,レッスンの途中で何度も生徒に意識付けができますし,生徒の普段の授業への取り組む姿勢も変化します。

　最初は,次のように信号を用いて3点のみポイントを押させえます。
例：テーマが環境問題であれば,生徒が住んでいる地域や学校の取り組みなど,実際に行われていることや自分たちが知っていることを報告させます。

What do you know about environmental problems and how to solve them? Please include three points：

☐　RED：What are the things happening our society that need to STOP in order to be clean world.

☐　YELLOW：What are the things we need to be CAREFUL of as we continue.

☐　GREEN：What are the things we want to GO for.

セバス先生発・ワンランク上を目指すアドバイス！

　時間をかけて深く調べさせる時は,ペアやグループで世界の環境問題を幅広く調査させてから1つ選ばせ,テーマ決めから発表までの役割分担まで任せます。成果物として,ポスターの作成とパワーポイントを用いた発表をさせると,他のグループの内容も全体で共有でき,生徒同士での学び合いが生まれます。

20　Critical Questionsで自律的学習者を育てる

　批判的思考力を育てるために，レッスンプランに必ずCritical Questionsを用意します。Critical Questionsを通して他者の意見を聞いたり，自分の考えと比較したりして，自問自答させます。調べ学習を通して学習した内容から，世界に目を向けさせて，深く考えさせることで，違った視点から物事を判断できるようになります。

1　違った角度からの質問で背景知識をフル活用させる

　Critical Questionsを考える時は，指導しているテーマに関連性があり，実際に今世界で起きている事柄や過去のニュースを参考にします。質問の答えが多種多様になるようにWhat? How? Why? を使います。その場で考えさせて，答えさせる質問もあれば，時間をかけて調べさせる質問を用意することもあります。生徒のレベルに応じて質問の難易度を調整します。

　それでは実際に私が使用したCritical Questionsの例を紹介します。

●教科書のテーマ：サッカー（スポーツ）
① Based on what you know how would you explain the professional sports players' qualities? What kinds of characteristics are important for professional athletes? Expected answers : (Perfect skills, work hard, stay in peak physical condition, enthusiasm, excellent communication skills, entertain supporters, and role model) How would you prioritize these ideas?
② What kinds of responsibilities do players have to their supporters? What kinds of responsibilities do supporters have to the players? Why?

●教科書のテーマ：Landfill Harmonic，貧困，創造性，希望
③ What other things could provide inspiration in the landfill?
④ What do you know about global issues and how to solve them?
⑤ What choices will you make that can help make a better environment tomorrow?
⑥ Did you have a moment when you were told something was impossible but you made it possible? How did this moment change you?

サッカー選手がサッカーボールや用具などを学校に寄付している社会貢献活動の実例や，不要な物から役に立つものを発明した他の国の例などを紹介して知的好奇心を刺激すると，予想以上のアイデアや情報を発表してくれます。

セバス先生発・ワンランク上を目指すアドバイス！

学習した内容と生徒自身の考えを直接結び付けて考えるように仕向けると，授業中だけでの学習では満足せずに，家庭学習でも取り組むようになり，発展的に調べ始めます。生徒が簡単に思いつかなかった考えや新情報を得ると，様々な事柄に対しても興味を持つようになり（real thinkers），life-long autonomous learners を育てることに繋がります。

21　学ぶ機会を多く作り生徒のモチベーションを高める

You can lead a horse to water, but you cannot make it drink.

「馬が水を飲みたがっていたら，川に連れて行くことはできます。しかし馬が水を飲みたくなければ，川に連れて行っても水を飲ませることはできません」この諺から，生徒のやる気を引きだすことがいかに重要であるかを考えさせられます。

1　生徒の意見を引き出す発問をする

　教師の発問は，Yes, No で終わるだけではなく，Why? と問い，生徒が I think or in my opinion を言う機会を多く作り，常に生徒に説明を求めます。この問いは，他の多くの生徒にも考える機会を与え，正解は1つではなく，意見を言うこと自体が大切であるというメッセージを届けることができます。考えさせる Why の質問を習慣化しましょう。

●学習形態を変えて，やる気を刺激し，学びの機会を多く作る

Buddy system：ペアで同じことを一緒にします。

Tandem system：ペアで役割を決めて別々のことをし，その後シェアします。

Mixed groups：番号を割り振り，同じ番号同士で新しい班を作ります。

Class exchanges：グループの代表者が別の班に移動し，発表してから戻ってきます。

2　授業外でも学ぶ機会を提供する

　授業時間には限りがあるため，家庭学習に取り組ませることが大切です。ここでは，ワードカードを用いて生徒自身に選択させて語彙を定着させる方法を紹介します。まず，教科書でも副教材でも何でも良いので，生徒が目にした新しい単語をカードに1週間に10枚を目標に書くように指示します。翌週の授業の初日はStep1として10枚の単語カードを1枚ずつめくり，意味が分かる単語はGroup2（G2）に，意味が分からない場合はGroup1（G1：知らない単語）に分類して置かせます。翌日再度G2から単語の意味を確認し，意味が分かる単語はGroup3（G3）に置かせます。意味を忘れてしまった単語はG1に戻し，G1に集中させて練習させます。同様に，翌々日にはG3から単語の意味を確認し，意味が分かる単語はGroup4，分からない単語はG1に戻させます。このように定着が不十分なG1を常に浮き彫りにし，苦手な単語を毎日繰り返し復習させると効率的に語彙学習を生徒自身の力で継続して行わせることができます。

(This chapter covers material developed by Jody. Shimoda.)

セバス先生発・ワンランク上を目指すアドバイス！

　3分間 Silent reflection：授業の最後の30秒は目を閉じさせて静かにさせ，今日の授業で学んだことを考えさせます。残りの2分でペアを作り，口頭で伝え合わせたり，ノートに書かせたりして振り返る時間を確保します。生徒1人を指名し，30秒以内で簡単に発表させて確認することもできます。

22　Multimodal Review で主体的に取り組ませる

　学習定着度の確認や達成感を感じさせるために，授業のまとめの活動や復習時にリテリング活動をさせています。意欲的に取り組ませるために工夫しているモチベーションマネジメントを紹介します。

1　リテリング方法を生徒に選ばせて，グループで共有させる

　4人グループを作り，2組のペアで相談して好きなリテリング方法を選ばせます。別々の方法を選ばせると，ペアやグループ発表を聞いている生徒も，楽しく取り組め，飽きずに復習できます。次のページのハンドアウトの裏側に自由に書かせます。こうしたステップから始めて，次第に教師が準備しなくても，生徒が自分たちで創意工夫してリテリングできるように導きます。

セバス先生発・ワンランク上を目指すアドバイス！

　やりとりで大切なことは，① Interact with all of your group members (ask questions, ask for opinions), ② Share the time with your partner, ③ Paraphrase the text and use your own words to explain の3点です。

Multimodal review

- Show us your feelings and understanding.
- Make groups of four.
- Break into pairs.
- Decide one way to retell and express your opinions from the options below.
- Choose whatever options you want!
- Each pair must choose different options.
- ☑Check the options you chose.
- Retell the story and add your comment.
- Presentation time is four minutes.

☐ Option1 : Keyword
  - Choose 20 keywords.
  - Draw a concept map with the words.
  - Don't write a sentence.

☐ Option2 : Picture
  - Draw a picture.
  - Add some words above the drawings.
  - Don't write a sentence.

☐ Option3 : Cartoon
  - Draw a four-frame comic strip.
  - Add some words above the drawings.
  - Don't write a sentence.

☐ Option4 : Q&A
  - Make questions about the story for each part.
  - Each answer should be a main idea.

23　授業の Closure は生徒中心で行う 1

　授業を終える時「Closure」の方法と授業を始める時の「Warm-up」の方法を比較すると，Warm-up にはより時間をかけてプランニングしたり，教師が丁寧に説明したりしていることが多いのではないでしょうか。Closure はチャイム任せ，時間切れで活動を途中で終える，あるいは残りは宿題として授業を終えることもあると思います。

1　Closure の効果を考える

　Warm-up は，この後の授業がスムーズに開始できるようにすることが，目的の1つです。Closure は，今日の授業がスムーズにできたかを確認することが，目的の1つです。つまり，素早く復習し，生徒が本時の授業で何を学んだかを思い出させることが大切です。また，教師にとっても生徒の理解度をチェックできるため，次回の授業の計画に役に立ちます。注意点は，生徒中心で行うことです。教師が本時の授業の内容を要約してしまうと，生

徒が何をどの程度理解できたのか把握することができません。生徒自身に，何かを言わせる，書かせることが重要です。Closure の内容としては，生徒がその時間に学習したことや，授業後の自分の考えをまとめさせます。ルーブリックを使って，取り組みや達成度を評価したり，授業の冒頭で教師から問われた Big Question に答えたりします。

2 瞬時の授業改善に役立たせる

　Closure は，授業改善方法としても効果的です。具体的に生徒の成果を可視化します。Closure で得られる情報というのは，教師が伝えようとしていた情報と実際に生徒に伝わっている情報の違いが浮き彫りになります。教師側は指導したつもりになっているが，肝心の生徒側が理解できていない，あるいは理解はできたものの，頭の中に英語が残っていない，といったケースも考えられます。もし，情報が正しく生徒に伝わっていなかったとしても，Closure の時間があると，その場で気が付くことができます。生徒にとっても，メリットはあります。このタイミングで自分では分かったつもりの状態に気が付くため，置いてきぼりにならずに済みます。また，Closure を Formative assessment の機会として継続的に活用すると，生徒にはもっと練習が必要か，もう一度同じところを教える必要があるか，次の活動に移れるか，次のレッスンに移れるかなどの情報を教師が把握できるので，目の前の生徒に応じた指導が可能になります。

セバス先生発・ワンランク上を目指すアドバイス！

　Closure は授業の最後だけに行うものではありません。活動を Wrap-up するたびに，何かしらのチェッキングをすることで，活動ごとの繋がりが明確化され，次の活動にスムーズに進めることができますし，つまずいている生徒に気が付くこともできます。その度に活動内容を変更したり，順番を変えたり，時間を調整したりして状況を把握することで，その場に応じたベストな学習環境を用意します。

24　授業の Closure は生徒中心で行う ②

　前のチャプターでは，Closure の効果や目的について紹介しました。ここでは，具体的に活動を終える方法やレッスンの Wrap-up 方法を紹介します。

1　Exit ticket, card, pass を用いて活動を Wrap-up する

● Exit ticket パターン例

> What did you learn? Tell me one new thing you <u>learned</u> from today's lesson and the <u>reason</u> you think it is important.
> ・Today in class, I <u>learned</u> 〜 and it <u>was</u> important to me because 〜

> Tell me one new thing (language/content/skill) <u>you have learned</u> from today's lesson.
> ・<u>I have learned</u> 〜

　これは過去形と理由まで書かせるパターンと現在完了形を使って書かせるパターンの例です。B5 サイズの用紙の上下に印刷し，半分に切って準備します。授業が終わる 5 分前にこの Exit ticket を渡し，書くように指示します。

書き終えたころを見計らって生徒同士ペアを組ませ，お互いに学んだことを紹介し合って，相手の内容を聞いて「なるほどな～，いい考えだな～」と思ったら拍手を送りましょうと指示します。そうすると全員が気持ち良く笑顔で授業を終えることもできます。

　絵文字に○を付けて生徒自身に取り組みを自己評価させる簡易的な物もあります。ただし，これだけでは教師は具体的な情報を得ることができないので，次第に次の例のように生徒に英語で書かせる段階にまで，生徒を連れて行きましょう。

Exit Ticket

Name_____

Today in class, I learned _____
_____
_____ and it was important to me because _____
_____

I was interested in what I learned today.

I understood what I was doing today.

I completed all of my work in class today

(This chapter covers material developed by Jun.)

セバス先生発・ワンランク上を目指すアドバイス！

絵文字に○を付けた後に，I was interested in ～，I understood ～，I completed ～など口頭で具体的な内容を説明させると，難易度を上げたオーラルリフレクションとしても活用できます。

25　授業のClosureは生徒中心で行う③

　前のチャプターではExit ticketのClosureの方法を紹介しましたが，生徒数が多い場合はExit ticketを毎時間用意，配布，回収となると少し時間がかかるので，ここでは他の方法も紹介します。

1　レベル別にディスカッションでもライティングでも実施する

●ジャーナルを書かせて週単位で提出
　ジャーナルのフォーマットは自由にして，ノートに書いて提出させることもできます。

Lower level students
　今日の授業で学んだことを3つの単語で書いて表現します。頭の中に残っている英単語を適当に書かせるのではなく，厳選して3語書かせます。

Higher level students
　今日の授業で学んだことを3文で書き，授業中に理解できなかったことや，質問を2文で書き，コメントや自分の意見を1文で書かせます。他にも，今日の授業で学んだことを30語で書き，次に不要な語を削ぎ落として20語で

書き，最後は10語で簡潔に表現させる方法も効果的です。書き終えたらペアで交換させて，対話的な学び合いを促します。

● グループクイズ

生徒に授業で学んだ内容に関するクイズを2問程度ずつ作らせます。作り終えたら，グループになり，順番にクイズを出し合います。4人グループであれば，8問の復習になります。

● 答えから質問文を予想

教師がキーワードやキーセンテンスを伝え，生徒はそれが答えになるような質問文を考える活動です。次に，グループで教師役を立て，他の3人が質問文を考えます。教師役を順番に交代させると，全員が取り組めます。

● 保護者への連絡帳

小学生や中学生によく見られる，保護者への連絡帳の代わりを英語ノートとして用意させ，学習したことを保護者に報告する形式でライティングさせます。実際に保護者に見てもらうと学習している内容が伝わります。

● Quick drawings

学習したことを絵や文字を用いて可視化させます。グループごとにホワイトボードを配布し，そこに伝えたい内容をまとめさせます。ただ発表させるのではなく，可視化させてから発表させると，全員で共有する時にもヒントとなり，理解しやすくなります。

● ボール de トーキングチップ

ボールを受け取った生徒が学習したことを1つ紹介し，グループの他の誰かにボールを渡します。受け取った生徒は，他に学んだことを紹介します。

セバス先生発・ワンランク上を目指すアドバイス！

教育現場にICTが導入されている学校も増えてきました。タブレットあるいは携帯電話の録音・録画機能を使って，1分間で本時の復習を生徒にさせます。単元終わりにはグループで，全体の復習ビデオ作品に取り組ませると，outcomeとして作品が残るので，達成感を味合わせることができます。

Chapter 3

苦手な生徒も英語好きになる！
４技能５領域の指導アイデア

▶指導全般

26 活動内容を精選して自信を付けさせる

　現代社会に生きている生徒たちは，英語に対してどのような意識を持っているのでしょうか。ベネッセの中高生の英語学習に関する実態調査2014(ベネッセ，2014)によると，中学生や高校生ともに，9割以上の生徒が将来の社会での英語の必要性は感じている一方で，自分自身が「英語を使うことはほとんどない」という回答が4割以上もありました。英語の必要性は認識していても，自分が使うイメージが低い原因に，自信の欠如が考えられます。

1 データから活動内容を精選する

　上で紹介したベネッセのアンケート項目の1つに，「あなたは将来，どれくらいの英語力を身につけたいですか」という質問があります。約5割の中学，高校の生徒が，「日常生活や海外旅行で困らないくらいの英語力」と回答しており，「外国で暮らせるくらいの英語力」，「英語で仕事ができるくらいの英語力」にそれぞれ2割程度の回答がありました。一方で，2015年春

新入社員（産業能率大学調査）の63.7%が海外で働きたいとは思わないと回答しており，その数は年々増加しています。その一番大きな理由は，自分の語学力に自信がないことでした。

　ベネッセの中高生の英語学指導に関する実態調査2014によると，「生徒が自分の考えを英語で表現する機会を作る」，「4技能のバランスを考慮して指導する」ことなどは，重要だと感じつつも，実行との間に大きなギャップがありました。具体的には，Display & Practice である音読，発音練習，文法の説明，Q&A による教科書本文の内容理解やリスニング，和訳，キーセンテンスの暗唱などの知識技能型はよく行われていますが，一方でReferential & Communicative である英語で教科書本文の要約を話す，初見の英語（教科書以外の読み物・英字新聞など）を読む，即興で自分のことや気持ちや考えを英語で話す，英語で教科書本文の要約を書く，スピーチ・プレゼンテーション，聞いたことのない英語（教科書以外の英文・ドラマや映画など）を聞く，ディスカッション，ディベートはあまり行われていません。

　これらの活動を授業に取り入れることで，生徒が日常生活や海外旅行で困らないくらいの英語力や，将来仕事で英語を使うことになっても怖気付くことのないように，自信を付けさせたいと思います。そのための活動を精選することが重要です。

セバス先生発・ワンランク上を目指すアドバイス！

　自信を付けるためには，生徒自身が「できた」と感じることが大切です。自信度を測る尺度がCan-doリストです。授業後に，活動ごとに対応したCan-doリストを配付して，授業の振り返りをさせます。Can you ~? に対して，Yes, I can. の項目にチェックさせたり，3段階程度のリッカートスケールでI canの尺度に○を付けさせたりして，自信度を可視化させて積み重ねていくと，自信度が上がります。

27　ICTを活用してクイズを作る Jeopardy編

　ICTの普及が学校の教育現場にも浸透しつつあります。私の勤務校でも，各教室にプロジェクターやパソコンが配置され，更に，生徒用タブレットPCが40台使用できる環境です。いつでもどこでも情報が検索できるユビキタスの時代に突入しています。ここでは，生徒参加型のクイズをICTで簡単に作成でき，授業中に楽しく使用する方法を紹介します。

1　Jeopardyで参加型クイズを作る

　ICTは必ず使用しなければならないものではありませんが，ICTを使用すると，動画や写真やグラフなども簡単に提示でき，視覚的にも効果があります。また，瞬時に文字も投影できるので，板書時間の節約になり，生徒の顔を上げさせることも容易になります。

●ICTをクイズで使用する：Jeopardy編（https://jeopardylabs.com/build/）
　世界共通のクイズ番組です。スライドに5×5のマス目の計25問を表示

します。今回は，Vocabulary, Comprehension, Grammar, True/False, Miscellaneous の5種類を作成しましたが，種類や問題数も好みに応じて変更できます。100点の簡単な問題から500点の難しい問題まで用意し，グループごとに順番にジャンルと難易度を選択させます。授業では，8人グループを5つ作り，グループ内で回答者を決めさせます。回答権のある生徒は起立して，「True/False の200」と言って問題を選択し，教師はクリックしてその問題を提示します。ここでは紙面の都合上，400までしか提示していません。

Vocabulary	Comprehension	Grammar	True/False	Miscellaneous
100	100	100	100	100
200	200	200	200	200
300	300	300	300	300
400	400	400	400	400
Team 1	Team 2	Team 3	Team 4	Team 5
0	0	0	0	0

The Miura-Ori technique is not useful outside of science.

Correct Response　Continue

正解の場合は，Correct Response の文字をクリックすると，模範解答が提示されます。ここでは，T/F 問題のため，画面下に False の解答が確認できます。

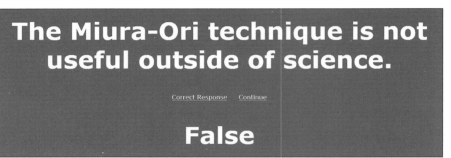

　正解した場合は，回答者のグループ（画面下の Team4）の＋をクリックすると200点が入り，その問題の数字はマス目から消えます。間違えて別の問題をクリックしてしまった場合は，Continue の文字をクリックすると，元の画面に戻れます。

Vocabulary	Comprehension	Grammar	True/False	Miscellaneous
100	100	100	100	100
200	200	200		200
300	300	300	300	300
400	400	400	400	400

Team 1	Team 2	Team 3	Team 4	Team 5
0	0	0	200	0
＋－	＋－	＋－	＋－	＋－

作成方法ですが,

①https://jeopardylabs.com/build/ にアクセスし,Password,Confirm Password を決めて,Start Building！をクリックします。

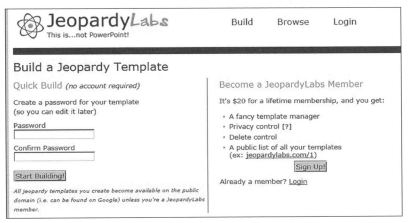

②Title を入力し,Enter category にジャンルを入力し,100〜500のマス目の Question & Answer に問題と解答を入力し,Save すると完了です。このサイトでは問題の数が25問設定になっていますが,3×3の9問のみを作成し,生徒にその9マスから選択するように指示するなど,問題数を調整できます。

③自分が作成し終えた問題を検索する時は，Browse にタイトルを入力して Search をクリックします。

④Results の下に，自分が作成した問題を見つけて選択します。自分が作成したクイズ以外の例も多く見ることができます。

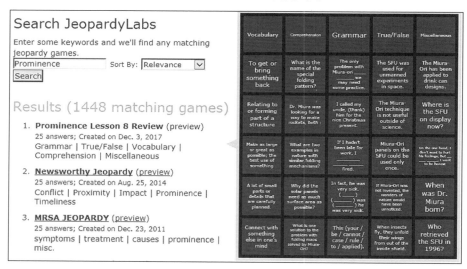

⑤チーム編成数を決定する時は，Number of Teams を１～12チームまで選択できます。Edit をクリックすると，問題やチーム数は，何度でも編集可能です。

> **Prominence Lesson 8 Review**
>
> Number of Teams
> [1 team ▽]
> Start
>
> Press F11 for full-screen mode
>
> Edit | Download | Share

セバス先生発・ワンランク上を目指すアドバイス！

　多くの先生がICTを活用した授業を行っています。私が気を付けていることは，ただのFunで終わらせないようにすることです。生徒も最初は楽しく盛り上がってクイズに挑戦しますが，段々飽きてしまいます。特に課題だと感じた点は，全員参加型にすることが意外と難しいことです。例えば，パソコンやタブレットの数が1人1台確保されていない場合は，グループ編成やパソコンなどの配布物の数を工夫しなければ，使用している生徒以外は参加することが難しくなります。Jeopardyの例では，8人×5グループ編成にして，クイズに参加させているため，各グループの回答者以外39人は基本的には受け身になりがちです。そこで，待っている間，リスナー全員にスライドに提示された問題のみを全てノートにメモするように指示しました。そして，Jeopardyの活動が終わった後に，一斉に自分がメモした問題に答えさせます。

　こうすることで，回答者のみが集中するクイズではなく，全員参加型のクイズになり，口頭のみで答えていた話すタスクから，書くタスクに繋がります。また，質問をメモさせることで，質問作成の参考例にもなり，この後に行うリテリングなどのタスクでも再利用できます。

28 ICT を活用してクイズを作る Kahoot 編

　スマートフォンかタブレット，パソコン，プロジェクターを用いてクイズを簡単に作成し，授業中に楽しく使用する方法を紹介します。先程のJeopardyとの違いは，生徒が個別にタブレットやパソコン，スマートフォン端末などを持っている点が前提になり，インターネットに繋がっていることが必要です。

1　4択早押しクイズをKahootで作る

　最初に，Kahootについて説明します。インターネットが繋がっている環境において，教師のパソコンと生徒の携帯電話のスマートフォンやタブレットを介してリアルタイムでクイズに解答する形式です。クイズの解答方法はとても簡単で，自分が持っているICT端末に表示されている4つの選択肢の中から正解だと思った選択肢をタップするだけです。生徒は自分の答えが正解したかどうかを，自分が持っているICT端末で，その場ですぐに確認できます。それでは，写真ごとに詳しく手順を説明します。

①生徒は，自分のICT端末をインターネットに繋げ，「Kahoot」を検索します。次に，スライドに表示されているPin Numberを入力し，自分の好きなニックネームを入力するとスライドにその名前が表示されます。自分のニックネームが確認できれば準備完了です。参加者の人数が増えれば増えるほど，スライドに参加者の名前と参加人数が追加されます。

②スライドに問題と解答の選択肢，制限時間が表示されてカウントダウンされます。生徒の ICT 端末には選択肢のみ（記号と色のみ）が表示されているので，生徒は顔を上げて問題と選択肢を見ながら自分の手元の ICT 端末の選択肢（記号と色のみ）をタップします。つまり，生徒個人の ICT 端末が解答ボタンになっています。

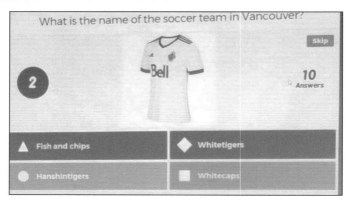

③制限時間が過ぎると自動的に解答がスライドに表示され，自分の ICT 端末にも正解か不正解かが表示されます。スライドには参加者の選択肢ごとの解答数が表示されるため，正解者の数や不正解者の数が瞬時に把握できます。

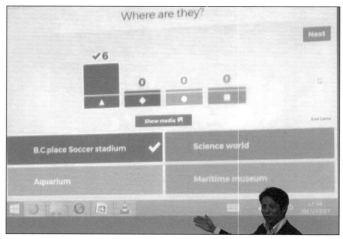

④リアルタイムで1位から5位までの順位も表示されます。順位付けは解答するまでの時間（タップするまでの時間）が早ければ早いほど点数が高くなります。逆に不正解であれば，ポイントは0です。

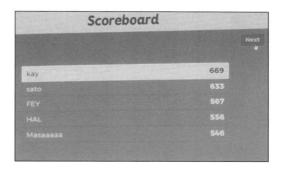

　それでは，教師側の準備の手順を説明します。まず，インターネットでKahoot! を検索し，右端上の Sign up をクリックして e-mail address, パスワードを登録します。次に，Sign in すると，自分のページが開けます。

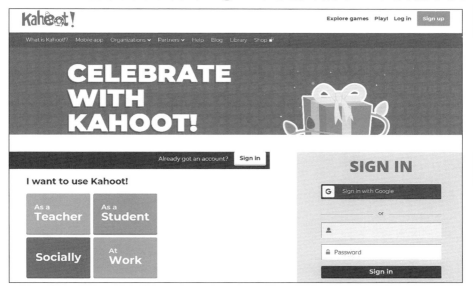

　これは私のページの例ですが，今まで作成したものも全て自分のページに保存されているので，ネット環境が整っていればどこでも使用できます。何度でも編集でき，複製や使用した回数なども記録されます。

　クイズの作成方法ですが，質問を入力し，解答時間を選び，選択肢の解答を入力し，写真などが必要であれば挿入すると作成できます。模範解答の選択肢にはチェックマークをクリックして入れます。

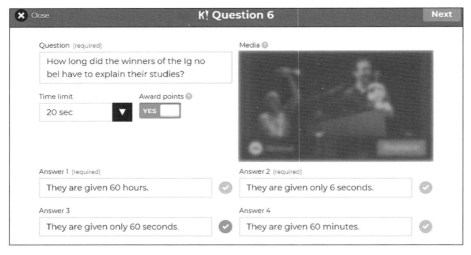

問題を追加する場合は，Nextボタンをクリックすると，次の問題作成のページに移ります。問題ごとに解答時間も変更できます。クイズの作成が全て終われば，Saveボタンをクリックすると保存されます。授業で使用する時には，インターネット環境のある場所で，自分のKahootのページにログインすると，いつでもどこでも使用できます。

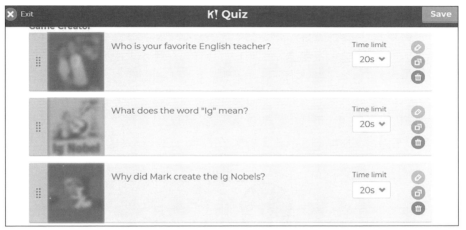

セバス先生発・ワンランク上を目指すアドバイス！

　Kahootを授業で使用するメリットは，生徒全員がタップするだけの簡単な方法でクイズに参加できることです。また，生徒自身が即座に反応し，すぐに解答が確認できるので，集中して取り組めます。デメリットは，ICT機器の確保とインターネット環境が整った場所でしか使用できないことです。日本の高校現場では，授業中に生徒自身の携帯電話を使用することBYOD（Bring your own device）にはハードルが高く，タブレットの数も十分確保されていないと，実施は難しいと思います。しかし，今後益々ICTを活用した授業は増加し，どの教育現場にもICT機器が十分に導入される時代が来ると思います。その時の活用方法の1つとしてKahootをオススメします。

29　4技能5領域はそれぞれ統合して指導する

　技能統合型については、中学校の新学習指導要領にも既に言及されています。例えばリスニングでは、メッセージや会話や説明などを聞いて、適切に応答したり、その内容を英語で説明したりする活動が求められています。高校では更に発展して、聞き取ったことを話したり書いたりして、伝える活動が必要になってきます。これまでも関連付けた指導を行っていますが、より一層意識して技能統合型授業に取り組むことが大切です。それでは具体的に統合型授業の指導展開例をお伝えします。

1　聞いたり読んだり話したり書いたりする

　リスニングとスピーキングでは、聞いて内容を把握させるだけでなく、特に適切に応答する活動を通して聴解力を向上させます。応答するためには、聞き取ったことを話して相手に伝えさせます。例えば、インフォメーションギャップの要領で、ペアに別々の英語が書かれた英文を配付します。1人（A

さん）がその英文を音読します。もう1人の（Bさん）は聞きながらメモをし，その後自分がメモした内容を見ながら自分の言葉で「つまり，～という内容ですよね」とAさんに伝える方法です。Bさんがつまったりした場合には，Aさんは補助係としてキーワードなどをヒントとして言うなど対話的学びを通して聴解力を向上させます。通訳トレーニングのように，聞き取ったことをメモしてから伝えるという流れは，1人が答え（英文）を持っている状態なので，安心してヒントも出しやすくなり，スピーキングの練習にも最適です。

　リーディングとライティングでは，概要や要点をとらえたり，特定の情報を読み取ったりするだけでなく，読み取った情報や，学んだこと，経験したことを基に考えをまとめ，話したり書いたりする活動を通して読解力を向上させます。しかし，即興で口頭要約したり，内容に対する自分の考えをすぐに述べたりすることは簡単ではありません。要約するために，キーセンテンスを5文程度見つけて書かせ，内容に対する賛否とその理由を書くことから始めます。次に，4人グループを作り，書いたものを交換して互いに読み合い，文章で返答させます。友達が書いた要約や賛否の意見についての質問や感想を書いて意見交換をさせます。このようにグループで回し読みしながらコメントを残すことで，落ち着いて意見交換をすることができます。

セバス先生発・ワンランク上を目指すアドバイス！

　スピーキングはspoken productionとspoken interactionの2領域に分かれています。準備して発表させたら，質疑応答したり，意見交換したりする時間を設けます。発表を評価する際も，評価の1つに意見交換の項目も入れます。また，「質問することができた」「感想や意見を伝えることができた」という項目に対する5段階のリッカートスケールを用いて自己評価も行います。賛否の意見に書いて応答する練習から発展させると，即興ディベートに繋がります。

▶リーディングの指導

30 レベル別個別式モニタリング音読で英語表現を定着させる

　音読が英語学習に効果的であると言うことに，異論はないと思います。言語の修得には時間がかかります。時間に限りのある学校や予備校などで学習する以外の，いわゆる家庭学習における取り組みが成功の鍵を握っているといっても過言ではありません。ここでは，生徒が自分のレベルに合った，家庭でもできる音読のマネジメント方法を提案します。

1　レベル別に英文の長さを調整する

　音読する英文の難易度によってスタートするレベルを選択させます。
レベル１：単純に音読する。
レベル２：チャンクごとにリードアンドルックアップする。
レベル３：細いマーカーを１本英文の上に置いてその部分の英文が隠れるようにして音読する。
レベル４：太いマーカーを２本英文の上に置いてその部分の英文が隠れるようにして音読する。

レベル5：1文ごとにリードアンドルックアップする。
レベル6：最初の数語のみ目で確認してすぐに顔を上げて言う。
レベル7：何も見ずに言える所まで音読し，つまった場所の単語に鉛筆でチェックする。
レベル8：何も見ずに言える所まで音読し，つまった場所の単語の前に青ペンでスラッシュを入れる。
レベル9：何も見ずに言える所まで音読し，つまった場所の単語の前に赤ペンでスラッシュを入れる。
レベル10：何も見ずに言える所まで音読し，つまった場所の単語の前に蛍光ペンでスラッシュを入れる。
レベル11：携帯電話の録音機能を利用して，何も見ずに1段落全て音読する。
レベル12：携帯電話の録音機能を利用して，何も見ずに全部音読する。

2 自分の達成度をモニターする

　レベル7～12までの音読方法は，ペンと携帯電話の録音機能を活用したモニタリング音読です。家庭では教師が側にいません。しかし，このセルフチェックの方法であれば，自分の立ち位置が簡単に確認できるので，1語でも多く音読できるように練習し，最後のピリオドを目指すようになります。
　自分でレベル設定を変えていく音読方法は，自分で選択できるという利点があります。そのことが，やらされていると感じてしまうのではなく，やってみよう！　という前向きな気持ちに変わります。誰でも，難しいことができるようになれば嬉しいと思います。できるようになった，読めるようになった！　という，達成感を得ることで，取り組む姿勢が変わり，継続します。

セバス先生発・ワンランク上を目指すアドバイス！

　生徒はレベル別といった言葉にとても反応します。穴埋めの数を変化させたチェック欄付きの音読ハンドアウトをレベル別に用意すると，どの生徒を対象にした場合でも，モチベーションを高く維持して取り組みます。

31 リーディングはコミュニカティブに行う

　リーディングでは，語彙や文法の説明による受け身な授業だけでなく，タスクを通してコミュニカティブに行います。写真を活用して本文に関連のある問いから始め，タスクごとにペアで確認させながら進めると，スピーキングやリスニング力も同時に伸ばしながら，内容を理解させることができます。

1　Learning by doing paragraph by paragraph

　長い英文を読むことが苦手な生徒は多いと思います。そこで，段落ごとにタスクを課して，最終的に全体の理解に繋げます。段落ごとに本文を読ませるにしても，生徒が読みたくなる仕掛けが必要です。

　Pre-reading activities として，トピックを表す1枚の絵を見せて，質問します。

　例：Where do you think this is? What do you think this is?　など

　写真付きの問いをスライドで示し，全員が質問を理解できるようにします。オープニングクエスチョンは，トピックへの興味関心を高め，本文への導入に繋げ，生徒の持っている背景知識を引き出す働きがあります。手順として

は，答えは何通りもあるので，ペアでできるだけたくさん意見を出し合いましょうと指示します。答え合わせに本文を読むという流れが大切です。

Pre-teaching vocabulary として，キーワードを3つ程度写真と単語のスペリング，単語の定義，例文，同義語，専門用語などの場合は日本語訳付きでスライドで示します。写真は単語を記憶するのに役立ちます。語彙学習もワードリストとしてまとめて提示するだけでなく，このように段落ごとにキーワードや難しい単語をピックアップして本文の流れの中で指導すると意味のマッチングが容易になります。

First question は，正解を見つけるタスクとして T/F に取り組ませますが，答えを選んだ根拠としての Evidence を本文から見つけ出し，キーワードのみを記入させます。そうすることで，なぜ正解したか，あるいは不正解だったのかを理解できます。

インフォメーショントランスファー（table, chart, diagram など）を通して，内容の理解を深めます。

例1：Reference to visual materials 葛飾北斎がトピックであれば，北斎やゴッホやモネの作品の写真と本文に出てくる内容を関連付けた質問を用意します。本文と絵のマッチングや，ゴッホの作品の背景に浮世絵が使われている場所に○を付けさせたりします。

例2：質問の代わりに，表に書き込むタスクです。例えば，北斎が年齢順に言ったセリフを年表にまとめさせます。こうすることで，キーポイントにフォーカスさせることもできますし，英文の質問を読まなくていいので，心理的不安も減ります。

セバス先生発・ワンランク上を目指すアドバイス！

段落ごとに，写真付きの質問をして興味を惹きつけ，語彙の導入も写真付きで本文と関連させ，インフォメーショントランスファータスクを通して内容理解をさせることで，心理的負担を軽減させます。

32 リーディングは Post-reading activity で創造力や情報処理能力を向上させる

リーディングの授業では、内容理解後に自己表現活動や新たなアイデアの発見や共有を目的とした調べ学習まですると、その結果、内容理解自体も促進され、深い学びに繋がります。

1 Processing skills を身に付ける

Post-reading activity で creative なタスクに取り組ませます。ここでは、コミュニケーション英語Ⅰ PROMINENCE Ⅰ（東京書籍）の Lesson5 "Katsushika Hokusai, a Japanese Genius" のレッスンを例に Post-reading activity を紹介します。

> You need to write a short article about Katsushika Hokusai. Based on what you learned from the text, make a timeline of his life and then write a single paragraph summary (including key points).

情報を読み取り、分かりやすくまとめて伝えるというタスクは、実生活に

基づいています。本文全体を理解し，本文で使われていた表現を真似するのではなく，考えて使用し，創造力を活かしてより良い outcome を作ります。まさに今，社会で必要とされている力 processing skills を養成できます。

2 Productive activity を行う

今回の例では，「この千年に偉大な業績をあげた人100人に北斎が唯一の日本人として選ばれている」といった本文で始まっているため，4人グループに2台タブレットを配布して，生徒にその100人を調べさせます。次に，データに関連付けて，自分だったらその100人以外に誰を推薦しますかという質問を投げかけ，グループでディスカッションさせます。読んだ内容を深め，自分たちで新たなアイデアを生む creative な活動です。

Useful Language

- Do you have any ideas?
- I think... would be good because....
- Really? I'm not sure about that.
- Who is she? I agree with you.
- What did she do?
- How about...?
- Yes, that's a great idea.

セバス先生発・ワンランク上を目指すアドバイス！

4人グループのディスカッションでは，グループリーダーを決め，リーダーが他のグループに移動して紹介します。リーダーが元のグループに戻ってきたら，他の3人が他のリーダーから得た情報を伝え，その考えを踏まえてグループで1つ決定します。全体での発表は4人全員を起立させ，他の推薦者の名前，国，業績などを1文ずつ交互に発表させます。発表後，最終的に全体で1人を選出します。こうすることで，全員参加型の発表ができます。

33 並べ替え問題は題材に関連のある初見の文章を用意する

　小テストや定期テストに，生徒の理解度や定着度を確認する方法の1つとして，本文の並べ替え問題を出題することがあると思います。あるいは，テストとしてではなく，授業中に行うタスクとして並べ替え問題を取り入れている場合もあると思います。本文をそのまま出題するのではなく，テーマと重要語彙は統一して本文をアレンジすると生徒の取り組む姿勢も変わります。

1　センテンススターターを使用する

　生徒のやる気スイッチを ON にするために，既習の教科書本文の表現にアレンジを加えます。ダイアローグからモノローグに，モノローグからダイアローグに変えるパターン，Last weekend, on Monday, Finally などの時系列を示して，それをヒントに並べ替えタスクに取り組みやすくなるように工夫します。本文を少しアレンジするだけでも，そのままのものに比べると，生徒の取り組む姿勢は変わります。例えば，音読でも何の手立てもなしに音読させるのと，穴埋めにして音読させるのとでは，生徒の声の大きさや表情ががらりと変わります。これは，穴埋めになることで音読自体がタスクにな

り，解いてみようという気持ちに火が付くからです。それでは，以下に啓林館 Vision Quest English Expression Advanced I p.25の本文をアレンジした例を紹介します。

●アレンジ英文

Our soccer game was *put off* (*postponed*) last weekend *because of* the heavy rain. I was busy with homework on Monday and forgot about the soccer game the next day. On Tuesday morning, instead of packing my soccer equipment, I only packed my school supplies. When I got to school, all the soccer players were not there, so I was confused where they went. Finally, I realized that the game had been rescheduled and I was not able to (could not) *take part in* the game.

●授業中の並べ替えタスクとして使用する場合の指示

This story is related to the textbook that I created by myself. Here are the instructions : Work in a group of 4. Give each group stripped sentences of the parts. Match the story in a logical sequence from 1 to 10.

On Wednesday a student is talking about his soccer match during lunch.

① Our soccer game was *put off* last weekend　⑩ and I was not able to *take part in* the game.

セバス先生発・ワンランク上を目指すアドバイス！

　最初に場面設定の１文を与え，並べ替え問題の最初と最後の英文を示し，センテンススターターやディスコースマーカーにアンダーラインを引いておきます。このようにすると，難易度を易しめに設定できますし，逆に何も示さないでおくと難しくなり，生徒のレベルに応じた指導が可能になります。

34 並べ替え問題はレベル別タスクを用意する

　本文の並べ替え問題をレベル別に準備して，生徒に選ばせたり，教師が目の前の生徒の実態に応じて，レベル別タスクを選択したりして，実施します。**33** に紹介した題材に関連のある並べ替え問題の応用パターンです。

1　難易度高から低まで２つ準備する

　Reorder sentence parts to make one sentence. Reorder the sentences so they follow a logical sequence. Sentences 1, 5, and 10 come 1st, 5th, and 10th, respectively.　並べ替え問題に取り組ませる時に，内容理解ばかりに意識を向けさせるのではなく，流れを考えさせる上で，アミのかかっている Sequencers にも注目させます。

> 最初のリード文：On Wednesday a student is talking about his soccer match during lunch.

●難易度高：1文を更に分割して，難易度を高くしています

① Our soccer game was *put off* last weekend
・When I got to school, all the soccer players were not there
・Finally, I realized that the game had been rescheduled
・*because of* the heavy rain.
⑤ On Tuesday morning, instead of packing my soccer equipment,
・I only packed my school supplies.
・I was busy with homework on Monday
・,so I was confused where they went.
・and forgot about the soccer game the next day.
⑩ and I was not able to *take part in* the game.

●難易度低：1文は分割せずに，最初と最後の英文は固定します

① Our soccer game was *put off* last weekend *because of* the heavy rain.
・When I got to school, all the soccer players were not there ,so I was confused where they went.
・On Tuesday morning, instead of packing my soccer equipment, I only packed my school supplies.
・Finally, I realized that the game had been rescheduled
・I was busy with homework on Monday and forgot about the soccer game the next day.
⑥ and I was not able to *take part in* the game.

セバス先生発・ワンランク上を目指すアドバイス！

　学習形態は個人，ペア，グループか，タスク形式はハンドアウトに英文を載せておいて番号を振らせるのか，細切れの紙を準備して封筒に入れて配布して並べ替えさせるのか，方法によって取り組む姿勢は変わります。

▶スピーキング(やり取り)の指導

35 ディベートはアイデアを共有する ディスカッションから始める

　ディベートと聞くと，全て英語でできるレベルになっていないと取り組むことが難しい，情報を調べることも大変と考えがちです。最初からディベートするのではなく，まずはハードルを下げて，その場で持っている知識を発表するディスカッション形式で始め，その後にディベート指導に繋げます。

1　ProとConで教室を前後に2分割にして情報収集する

　ディスカッション形式ですが，ディベートに近い形で行います。まずは，列ごとにProとConに分けます。テーマを与えて，それぞれ個人でインデックスカードに自分の考えを書かせます。制限時間を10分と決めて，1つのアイデアにつき1枚書くようにし，できるだけたくさんのアイデアを書き出させます。インデックスカードは最初に1人1枚配布し，追加で必要な生徒には教卓に置いてある余分なカードを各自自由に取りに来させます。
　各自が書いたインデックスカードとメモ用紙とペンを手に持たせてPro

は教室の前に，Con は教室の後ろに行かせます。その場で自由にペアを組ませてカードに書いたアイデアを口頭で紹介し合います。

次に，机を10個程度繋ぎ合わせて大きなテーブルを前と後ろに作り，その周りに Pro と Con グループの生徒を立たせます。各自が手に持っているカードを机の上に並ばせて，自由にどのカードでも手に取って読んでも OK にして，参考になるアイデアがあればメモ用紙に追加させます。このインデックスカードを読んで，自分のアイデアに付け足す時間をディスカッションの前に設けると，自分の意見を増やせるので生徒は熱心に友達のアイデアを吸収しようと読み始めます。また，口頭だと恥ずかしくてなかなか意見が言えない生徒がいる場合でも，カード交換で情報の共有が成り立ちます。

2 日本語で内容の確認をする時間をあえて設ける

ディスカッションをクラス全体で行うのではなく，4人グループを作らせて，2対2で繰り返し練習させます。少人数であれば，相手の言っている内容が分からない時はすぐに確認ができる雰囲気を作れます。Pro の立論を聞いて Con の1人が理解できなかった場合は，隣のペアに確認でき，もし2人ともが理解できなかった場合は，相手の Pro に確認する時間を用意します。何事も小さな一歩から始めるためには日本語で確認させます。このようにすると，どの生徒も安心してディスカッションに取り組めます。

セバス先生発・ワンランク上を目指すアドバイス！

ディスカッションも相手の意見が理解できないと活動自体が成り立ちません。分からないことは分からないと言える雰囲気を意図的に教室に作りだし，その場で質問して理解する習慣を付けることが大切です。

36 ディベートは ピラミッドディスカッションから始める

　ディベートはきちんと手順を示し，段階を踏んだ指導を行うと，どのレベルの生徒を対象にしても実施できます。**35** と関連しますが，個人，ペア，グループが１つのチームを結成し，繰り返し練習できる実践例を紹介します。

1　インフォメーションギャップで情報を収集する

　ディベートのトピックに関する資料などがある場合は，トピックの発表後，列ごとに PRO と CON それぞれ違う資料を配布し，個人で内容を把握させます。その後，前後でペアを組ませ，隣の列に情報が洩れないよう声量に注意して内容の確認を日本語でさせます。ここで，全員が資料に書かれた情報を手に入れることができている状況になります。次に，縦列の３人で協力して，ポイントになる（自分の立場をサポートしている説得力のある）情報が書かれている英文にアンダーラインを引かせ，ハンドアウトに書き写させます。相手側に伝わりやすく発表するには，単純に書き写すのではなく，最初

にAdvantage1やDisadvantage1と書き，続けてタイトルを考えて短く書き，簡単な内容にまとめることです。ハンドアウトには，自分の立論，質問，反駁の3つの枠組みを用意し，そこに自分の立論を書き，相手の立論をメモして，反駁内容を簡単に書けるスペースを用意します。

Constructive speech の情報をまとめ終えたら，元の座席に戻り，隣のペアで1対1のミニディベートを始めます。個人で情報収集→ペアで確認→3人で発表原稿をまとめるという3段階を経ているので，誰1人として落ちこぼれさせることなくミニディベートまでの準備が完成します。ミニディベートでは，まとめた情報を伝え合い，それに対する質問，反駁までの3段階のみ行います。反駁された内容はハンドアウトではなく，付箋に記入させます。

2 ピラミッドディスカッションと回し読みで活性化させる

ペアでのミニディベートの後は縦列の6,7人グループを作り，相手から反駁された内容と相手に反駁した内容を共有させます。そこで，相手の立論に対する反駁を再考し，自分の立場を防御する内容を考えさせます。反駁した・反駁された内容は個人個人で違うはずなので，付箋に書かせてグループ内で回し読みをさせます。参考になる反駁内容であれば，自分のハンドアウトに書き写させます。こうすることで，効率的に情報共有が可能になります。

セバス先生発・ワンランク上を目指すアドバイス！

ペアミニディベートの時に反駁された内容や相手の立論について，もう一度大人数で話し合うことで，理解が深まります。学習機会を最大限に提供するために，2対2，4対4，PRO対CONの全体ディベートに繋げると，繰り返しディベートできるので，英語力の向上が期待できます。

37 ディスカッションは小物を活用してゲーム感覚で練習する

　英語でディスカッションと聞くと，英語が得意な生徒がいないと成り立たない，あるいは英語だけでディスカッションするのは少しハードルが高いと考えてしまいがちです。しかし，ちょっとした仕掛けを用意して行えば，少しずつですが英語で意見交換することができるようなります。

1　ディスカッションで使えるフレーズの表を配布する

　ディスカッションで使える表現をハンドアウトにして生徒に配布します。
（参考URL：http://www.prolancom.com/meetings/315-language）

●①意見，②同意・反対，③中断，④フィードバックの場面で使える表現
Giving opinions : In my opinion / I'd like to point out
Asking for opinions : What do you think about / How do you feel about
Agreeing : That's a good point / That's just what I was thinking
Disagreeing : Year, that's true but / I completely disagree with you

Interrupting：Sorry to interrupt / Sorry can I say something quickly
Giving feedback：I understand / Right / Uh huh / I got it
●⑤様々な場面での確認で使える表現
Clarifying (asking what was meant)：Do you mean? / Are you saying?
Clarifying (explaining your own ideas)：Sorry, let me explain
Clarifying (getting more information)：Could you be more specific?
Clarifying (asking for repetition)：Could you say that again please?
Clarifying (paraphrasing another person)：I think their point is

　生徒のレベルに応じて紹介する使える表現の数を調整します。ハンドアウトに全て載せて渡すことも可能ですが，その場合も使いたい表現（優先順位）を生徒に自分で選ばせて，蛍光ペンでチェックさせます。上の例の場合であれば，各カテゴリー別に1つの表現を選ばせると，11個の表現を使わせることになります。

2　インデックスカードを用いて会話を盛り上げる

　フレーズ表の各カテゴリーから生徒が自分で使いたいフレーズを選ばせ，インデックスカードに書かせます。4人グループを作らせ，ディスカッショントピックが書かれた紙の束を各グループに配布します。
ルール：カードに書かれた表現を用いながら，そのトピックについてディスカッションします。発言する時にカードを机上の真ん中に置きます。自分が書いた11個のフレーズのカードを全て使いきった生徒が勝者です。

セバス先生発・ワンランク上を目指すアドバイス！

　フレーズ表とトピックカード，生徒が自分で選んだインデックスカードの3点を利用すると，一人ひとりの生徒に責任感を持たせることができます。カードゲームをしている感覚で楽しみながら英語でディスカッションできる雰囲気を作りましょう。

38 サバイバーディスカッションで即興的スピーキング力を伸ばす

　学習指導要領にも明記されているキーワードである「即興」「思考力・判断力・表現力」を伸ばすためには，生徒がその場で考えながら言いたいことを言う活動が必要です。話し合うテーマが議論に値する内容であれば，言いたいことを英語で言う，自分の話をみんなに聞いてもらいたい，と主体的に意見を言いたくなる雰囲気を作れます。

1　やり取りを通して即興的スピーキング力を伸ばす

　8人グループを作り，小さい紙の束をグループの中心に置きます。生徒は1枚ずつ紙を取り，思いつく職業を英語で書きます。大体1人2，3個程度の職業を書き終えたら，文字が見えないように紙を丸めて中心に置きます。生徒はその中から1枚だけ選び，紙に書かれた職業の人物になりきります。ここでディスカッションのテーマと状況を発表します。「あなたは豪華客船で船旅中です。不運なことに氷河に衝突し，座礁しました。更に，落雷に合

い，3人乗りの小型の救命ボートが1つしか残されていません。8人の中で誰がそのボートに乗るべきかを決めなさい。自分もそのボートに乗りたいということが前提条件です」と伝えます。更に，ボートに乗った後のストーリーも考えさせ，どこに漂着し，どのくらいの期間その場所に滞在することになるのかなども，自由に想像させます。例えば，無人島に漂着し，半年後に救助されるとします。自分の職業が漁師であれば，魚を捕まえられるので食料には困らないといったプレゼンテーションが考えられます。

　理由を考えたら順番に8人全員が最初の自己紹介（ボートに乗りたい理由を含む）をし，全員の話を聞いた後に，追加で言いたいことがある生徒は「あなたは，〜と言いましたが，私は〜や〜もできます」のように，アピールタイムに移ります。その後に，誰がボートに乗るべきかを投票で決め，1人ずつ脱落させます。これを3人が残るまで繰り返しディスカッションさせます。脱落した生徒も話し合いや投票には参加し，投票時には，適切なサバイバーを判断するのに必要な質疑応答の時間も含めます。

　この活動は，生徒は自分が生き残りたい理由を必死で考え（思考力），生き残るための説得力のあるプレゼンテーションをし（表現力），サバイバーを多数決で決めていく（判断力）ため，自然と主体的なディスカッションをする状況ができます。他の生徒が何を言うのか予想できないため，集中して聞くようになり，質疑応答を通して即興で応答する状況を作れます。

セバス先生発・ワンランク上を目指すアドバイス！

授業で助動詞を学習した後に行うと，ディスカッションの中で自然と何度も can, should, must, may, have to, will などを使用することになるので，定着率も上がります。職業は教師が先に板書して示して難易度を調整することもできますが，生徒の発想力を活かすことで議論を熱くします。

▶スピーキング（発表）の指導

39　活動形態を工夫して大人数でもスピーキング活動を実現可能にする

　クラスサイズが少人数の場合は，まず教室を広く使えるという点でレイアウトを自由に変更して教室の床に座らせたり，壁の4辺を効果的に利用したりすることができるので，活動の幅が広がります。実は，40人でも活動形態を工夫すれば同じような効果が期待できます。

1　少人数と大人数で活動形態を変化させる

●活動例1：Tic Tac Toe

　生徒に数字と写真が載っているハンドアウトを配布します。そのハンドアウトを持ったまま，床に数字が書かれたマス目に移動し，ペアを組み，指定された絵について英語でディスカッションする活動です。教室の前方や後方，あるいは真ん中にスペースを作ることができる場合は，（教室の床に）メンディングテープやマスキングテープなど床を傷付けない物を用いて，○×ゲームのような3×3の格子を作ります。格子の大きさは，1つの格子に生徒

2人が向き合って立っても狭くない程度の距離にします。生徒人数が18人以下の場合であれば，3×3の格子を1つ作ります。床の格子の中に数字をテープで書くパターンや，黒板に数字入りの格子を書いて大体の立ち位置を参照させる時短パターンもあります。

● **活動例2：2列グルグル洗濯機**

隣同士でペアを組み，その場に立たせて2列の中で移動する方法であれば40人の生徒を対象に実施できます。右図の1に座っている生徒は固定のため動きません。それ以外の生徒は例えば12は11に11は10に7は6に6は5に2は12のように1つだけ立ち位置を移動させます。教師の指示は，「最初のペアとは写真

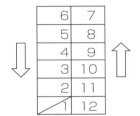

1について，2回目のペアとは写真2についてディスカッションするように」と教師側で指定します。時間は1つの写真につき30秒から1分以内程度を設定し，ディスカッションさせます。写真を11枚用意すれば一周して元の席に戻ります。ディスカッションを活性化させるためには，最初は何の指示もなく，ただ写真について英語で話をさせようとしてもあまり機能しません。生徒が話しやすい「絵に関する問い」を用意して誘導することがポイントです。

例：What do you think today's lesson is about? What are you excited about, curious about, or have questions about?

ストーリー順に絵を並べておくと，まとめの活動として，絵を全て使ってストーリーを創造して言わせる活動もできます。

セバス先生発・ワンランク上を目指すアドバイス！

生徒の人数が多いと，学習機会をたくさん与えたり，一人ひとりの発話機会を最大限に引き出したりすることが難しいと思われがちです。しかし，このように活動形態を変えることで，難しいと思われがちなスピーキング活動も，実際の教室現場で取り組むことが可能になります。

40 7つの手順を踏んで即興で話す力と書く力を同時に伸ばす

　準備せずに即興的に英語で話すことは，不安が高いと言われています。しかし，Klapper (1991) が「英語を話す前に準備の時間があると，学習者は暗記に頼ってしまう。準備の時間を奪い，暗記させないことで，会話が意味重視になる」と指摘しているように，あえて準備させずに英語を使わせて，英語で言いたいことが言えない経験をさせることで，即興的なスピーキング力の育成に繋がると考えます。

1　Maurice (1983) の「4/3/2」をアレンジして即興力を付ける

　ウォームアップに使える，流暢さと正確さを両方伸ばすための即興的なスピーキング・ライティング活動を紹介します。
主体的な場面：トピックは，生徒自身が体験したことや自分のことに置き換えて考えさせると（personalization），話す目的が明確で，内容もオリジナルのため，聞いている側も関心を持ちやすくなります。

対話的な場面：会話時間を1分→45秒→30秒と短くしていき，ペアも縦・横・斜めと3回変えます。または，会話時間を30秒→45秒→1分と延ばしていきます。以下に手順を示します。

> 1：隣の生徒とペアを組ませ，交互に1分間モノローグで話させる
> 2：前後の生徒とペアを組ませ，交互に45秒間モノローグで話させる
> 3：3分間時間を取り，これまで2回話をした内容を書かせて整理させる
> 4：斜めの生徒とペアを組ませ，交互に30秒間モノローグで話させる
> 5：お互いのスピーキングが終われば，1分間で交互にオーラルピアフィードバックさせる
> 6：最後に活動全体を振り返って個人で落ち着いて書いてまとめさせる
> 7：お互いのライティングが終われば，3分間でピアチェックさせる

深い学びの場面：即興で2回スピーキングをした後に，その場ですぐに話した内容を3分間で書かせます。短い時間の中で，要点のみをメモさせて話の流れを一度整理させます。スピーキング活動中にいったん自分の意見を書いて，流れを整理する時間を作り，書いた後に，もう一度ペアを変えて話す機会があるので，自分自身の流暢さの伸びを体感させることもできます。

スピーキング活動後は，まとめのライティングに繋げます。書いたものをペアで交換させ，語彙や文法，表現などのピアチェックを経てから提出させ，教師が添削してから，次回の授業で返却すると「正確さ」も育成できます。

セバス先生発・ワンランク上を目指すアドバイス！

Swain（1995）はSchmidtの"noticing the gap"を受けて，「学習者は『自分が目標言語で言いたいが言えないこと』に気付くことで，学習者は関連するインプットに注意を向けて，新しい言語知識を獲得しようとする」と述べています。このような手順を踏めば，生徒は「言いたかったけど言えなかった」ことを思い出し，その時の「言いたかった」自分の気持ちや考えをライティングでも再構築できます。

41 プレゼンテーションはタイムマネジメントとフレーズで行う

　プレゼンテーション時に，一番問題になるのが時間だと思います。タイムマネジメントがしっかりしていないと，せっかく準備した内容も伝えきることができず，情報伝達の目的が達成できなくなります。次に，内容です。例えば，パワーポイントなどのスライドを準備する時は，伝えたい内容を全て文字化するのではなく，話の筋道を立てて情報量を整理します。

1　ぺちゃくちゃを活用する（source：Astrid Klein &Mark Dytham）

　「ぺちゃくちゃ」とは，1枚20秒のスライドを20枚使ったプレゼンテーションのことです。スライドが20秒おきに自動的に切り替わるように設定し，20×20の6分40秒で終了することが決まっています。スライドにはできるだけ文字は少なく，絵や写真を通してメッセージが伝わるようにします。
　授業で行うには10枚のスライド×30秒の5分の設定にします。4人グループ内で行うと，20分で一周できるので，50分授業だとグループメンバーを変えて2周できます。では，次に効果的なスライド作成のルールを説明します。

| 1：余分な情報はカットし，伝えたいメッセージをシンプルに伝えます |

> 2：手持ち用にメモカードを（10枚）用意し，1枚のカードに1個のメインアイデアと3つのサポートアイデアを書きます
> 3：スライドの流れをチェックし，不要な語の排除やスライドを統合して伝えたいメッセージを洗練させます
> 4：自分が伝えたい内容を表す絵やテーマに関連のある写真を探します

2　プレゼンテーションの定型表現活用する（Adapted from：M. Pawa）

定型表現を使うと，よりスムーズなプレゼンテーションが可能になります。

> 1：My presentation is about…
> 2：I'll begin by talking about…, and then…, after that…, and finally…
> 3：After I finish, there will be time for discussion and questions.
> 4：I'd like to start by…
> 5：Next, I'll discuss…
> 6：For instance…
> 7：In summary, I think…
> 8：I'd be interested to hear your questions or comments.

このような時間のしばりと定型表現の使用は自由なプレゼンテーションを制限するものと思われるかもしれません。しかし，到達ラインを示すことで，タイムマネジメントを行い，時間内に伝えるための努力と工夫が生まれ，生徒全員が実施できる効果的なプレゼンテーションに繋がります。

セバス先生発・ワンランク上を目指すアドバイス！

プレゼンテーション後にミニディスカッションタイムを設けます。聴き手からの質問に答える時の表現には，That's a good question. と言ってから答え，質問が分からなかった場合や質問への応答を確認する時は，Sorry, I'm not sure I understood. Could you repeat that? や Does that answer your question? を使います。双方向型のプレゼンテーションを目指しましょう。

42 発表する時は発表原稿の持ち方を工夫する

　生徒が発表をする時に，よくある問題点の1つが，発表原稿を読み上げてしまい，発表自体が一方通行になってしまうことだと思います。原稿ばかりに視線を落としてしまい，発表を聴いている生徒を見ることができなくなり，聴いている生徒の理解度を確認することができなくなります。そこで，発表原稿の持ち方を指導して，生徒自身に合った適切な方法を選択させます。

1　不安があることを理解する

　生徒に発表させる時に，最初から原稿を見ずに発表させることは，生徒にとって，かなりハードルが高いものになります。その1つの原因として，不安があります。人前に立つことの不安，人前で話をすることの不安，人前に立って英語で話をすることの不安，友人関係や教師との関係など，クラスの雰囲気が与える不安，準備した原稿の英語や，自分の発音では伝わらないのではないかという能力に対する不安など，多岐にわたります。不安については，今でも多く研究されているテーマでもあり，紙面の関係上，今回ここで述べることはしません。しかし，教師は，生徒の誰もが抱えているであろう

不安を理解した上で、それでも生徒がなんとか挑戦したくなるような仕掛けを考えることが大切です。そこで、もっとシンプルに不安を減らして、明日からすぐにでも実行できる発表原稿の持ち方について紹介します。

2 発表原稿の持ち方を選択させる

生徒にとって不安が一番低くなる方法は、発表原稿を手に持たせても OK にすることです。しかし、それでは不安は下がるものの、生徒は安心してしまい、原稿を読み上げてしまいます。少しの緊張と挑戦する気持ちを刺激して、本当に困った時には原稿を見ることができる程度の状態を作ってあげると、不安を減らしつつも、適度な緊張感を持って取り組むようになり、学習が促進します。では、原稿の持ち方をそれぞれ難易度が高いものから順番に7段階紹介します。

```
A：原稿を教卓の中に入れる
B：原稿を教卓の上に裏返して置く
C：原稿を黒板に貼って必要な時は振り返って見る
D：原稿を手に持って背中に隠す
E：原稿を教卓の上に面向けに置く
F：原稿を手に持ってチラ見させる
G：原稿を手に持ってほとんど読み上げる
```

セバス先生発・ワンランク上を目指すアドバイス！

発表原稿の持ち方も点数化して事前に知らせておくと、生徒は発表に対する意欲を、教卓の前に立った段階で簡単に示すことができます。難易度Aの原稿を教卓の中に入れる方法であれば7点、難易度Gの原稿をほとんど読み上げる方法であれば1点とします。このように、苦手な生徒も得意な生徒も、発表原稿の持ち方を自分で選択して発表させると、リラックスした表情で実施できます。

43 復習で行う質問文作成活動は難易度と学習形態を変えて行う

　教科書の本文の内容に関する復習をする時に，生徒自身に質問文を考えさせて作らせます。その過程において，生徒は内容を理解しようと何度も本文を読み込みます。質問文を作成する時には文法形式や語順も意識することになります。マネジメント方法を意識して，生徒のやる気を2倍にします。

1　難易度を変えて内容に変化を付ける

　質問文作成活動のマネジメントは，ルールの明確化です。準備時間によって多少変わりますが，質問文の数を6つにし，簡単な質問から難しい質問へと難易度を変えて作成させます。内訳は，T/F，Yes/No，英問英答を2つ，open-ended question を2つの6問に統一します。簡単に作成できる質問から取り組ませて，開始時における心理的負担を軽減させます。

2　時間を決めて少人数と大人数で活動形態を変化させる

　個人で質問文を作成，次にペアで作成させ，4人グループで発表させます。手順は，質問文1と2のT/FとYes/No question は個人で3分以内に取

り組ませます。前後でペアを組み，4分以内に英問英答を2問考えさせ，最後に3分以内に open-ended question を考えさせます。制限時間内に質問文を作り終えた生徒やペアは，自分が作成し終えた問題を手に持ちながら教室内を歩かせます。まだ終わっていない生徒に，作成の方法を教え，自分が作成した問いを紹介させ，全員がタスクを完成できるように支援させます。質問文が完成したら，解答も作らせます。

　次に，発表形態は4人グループですが，グルーピングを工夫します。質問文作成の段階で前後のペアによる英問英答を一緒に作成させていたので，同じメンバーによる発表だと質問が同じになってしまいます。そこで，そのまま別の列に移動させます。教室の列が6列の場合は，その内の3列だけを別の列に移動させると，そこでの4人グループは新しいメンバーのため，質問が同じになることはありません。

　活動のベースとなる質問文が完成し，グループが決まればいよいよ発表です。事前準備の段階で，統一して全員が質問文を完成しているので，自信を持って取り組めます。発表者の順番を決める時は，黒板に＋を書き，右上に1，右下に2，左下に3，左上に4と板書しすぐに開始します。発表者は立って，各質問につき別の生徒を指名して答えさせます。6問作成しているので，1人ずつ2問答えると，4人グループでも5分程度で実行可能です。

セバス先生発・ワンランク上を目指すアドバイス！

　活動の最初に教師が質問文の例を板書して示しておくと，生徒はイメージしやすくなります。生徒は質問文作成体験をすることで，テスト作成者の意図を感じ取ることができ，そのレッスンにおける重要ポイントを再認識できます。タイマーを活用して，テンポ良く行うことが大切です。

▶ライティングの指導

44 ライティングの指導は読み手を意識してCreativeに取り組ませる

　ライティングの指導は書き手だけでなく，読み手を意識させることが大切です。読んでもらいたいから，面白い物語を考えて書く，読んでもらって面白いと言ってもらえたら，更に物語を面白くしようとモチベーションが高まります。この一連の流れが，書く活動に勢いを生み，想像力豊かな物語の作成に繋がります。

1　写真を見て連想される単語を書かせる

　写真を見てスキーマを活性化させます。この後のCreative Writing活動に繋がるので，生徒が物語を作りやすそうな写真を用意します。日常の風景（カフェで読書，海岸でランニング，暗いトンネルを1人で歩いている写真など）を表している様々な写真を40枚用意して1枚ずつA3の紙の中央に貼ります。それらを教室の前後左右の壁に貼り，鉛筆を持たせて生徒を全員写真の場所まで行かせ，その写真を見て連想する単語を写真の周りの空いているスペースにたくさん書くように指示します。制限時間は1枚につき15

秒に設定すると，40枚全て回るのに10分です。同じ単語は書かずに，別の単語のみ書くように指示します。20枚だけ写真を用意して前後に貼り，レベルに応じてペアで一緒に取り組ませることもできます。

2 ペアから個人の流れで Creative Writing させる

　ペアを組ませて写真を数枚選ばせ，その写真をヒントに物語を書かせます。生徒のレベルに応じて英文の量は調整しますが，短すぎるとストーリーに落ちが生まれにくいですし，長すぎると時間がかかりすぎてしまうかもしれません。ここでは9個の英文と Story starters と過去形を使うことをルールにし，ペアで相談しながらライティングに取り組ませます。書き終えたら，最後に Story starters にアンダーライン，過去形に○をするように指示します。

Story starters の例

　It was unbelievable that/It was so/And it was/But then/I wanted to/So I never/I was walking/After that I had to/I thought

（source：Jody. Shimoda.）

　次に，4人グループを作らせ，ペアで書いた物語をそれぞれ交換します。今度は個人で Creative Writing する活動です。別の生徒が書いた物語を読んで，それに更にストーリーを書き加えさせます。ペアで書いた時と同じ手順でその文章に Story starters と過去形の動詞を使って8文追加させます。

セバス先生発・ワンランク上を目指すアドバイス！

　ライティング活動を機能させるには，なんといっても生徒の想像力豊かな物語の作成にかかっています。その手立てとして，写真，ペア，Story starters，過去形，英文の数の指定などを教師が事前に用意し，生徒が書きたくなるように，気持ちを刺激してあげることが大切です。事前に Creative Writing することを伝えてから，最初の活動に取り組ませると，目的を持って取り組みます。

45　ライティングの指導は必ず Peer Feedback を行う

　この章は，前の章の「ライティングの指導は読み手を意識して Creative に取り組ませる」の続編です。ライティング活動後に，生徒同士のピアフィードバックがあるのとないのとでは効果が全く違います。これから紹介する Feedback form は活動する意味（書く理由と読む理由）を生徒に明示的に与え，コメントの交換を通して学習意欲も同時に向上させることができます。

1　ピアフィードバックはスピーキングで素早く行う

　生徒同士で行う，スピーキングによる簡単なフィードバックを紹介します。

Oral feedback

- I was surprised/impressed by _____.
- _____ was an (adjective) idea.
- I really liked ____.
- I couldn't come up with _____.

Critical Questions
- How do you feel after you read the story? ＿＿＿＿＿.

ライティングで物語を書いた後は，友達に読んでもらい，口頭で簡単にフィードバックを言い合う時間を設定します。

2 ピアフィードバックはライティングで時間をかけて行う

何も手立てがないと，読んだ感想を英語で書くことも難しいと思います。そこで feedback form を配り，生徒が書きやすくなるようにスキャッフォルディングします。

Written form feedback の例
- When I read your story I felt (　) because (　).
- The part I liked best was (　) because (　).
- I want to know more about (　).
- The best sentence in your story was (　) because (　).
- Some ideas I would add are (　).
- Some things I would like to know about are (　).
- Final impressions and comments are (　).

セバス先生発・ワンランク上を目指すアドバイス！

教師がトピックだけを決めて，生徒がノートに自由に書く Timed Writing はすぐに取り組めます。

Write for 3 minutes about the topic. Do not stop writing. If you can't think of anything to write, keep writing the last word until you get a new idea.

これだけの指示で，生徒が時間内に自由に書ける状況を設定すると，少しずつですが，書くことに対する抵抗感を減らすことができます。

(This chapter covers material developed by Jody. Shimoda.)

▶リスニングの指導

46 ジグソーアクティビティは失敗から学ぶ

　ジグソーとは，生徒が別々に収集した情報を持ち合って，グループ内でその情報を共有し合う4技能統合型学習方法です。例えば，4種類の情報を教室の4隅に貼っておき，4人グループ内でそれぞれが異なる4つの情報を集めに4箇所の場所に移動し（エキスパートグループ），そこで得た情報を持って元のグループに戻り（ジグソーグループ），内容を伝え合う活動です。

1　ジグソーの失敗談から学ぶ

　ここでは，私が実際にジグソーを行って，失敗したことをお伝えしたいと思います。その後に，失敗から学び，工夫してきた点をお話しします。問題点を明らかにすることで，これからジグソーに挑戦しようと思っている教師が，遭遇する可能性のある場面を事前に回避してもらいたいと思います。

●最初の壁：協働学習が機能しない

　最初にジグソー法を実施した時，エキスパートグループでの情報収集や話

し合いが協働的ではなく個人で静かに取り組んでいました。中には特定の友達とであれば，知らない単語や理解できない英文などを質問している場面もありましたが，多くの生徒は静かに黙々と取り組んでいる状態でした。

● 2つ目の壁：時間設定のミス

　最初はエキスパートグループでの情報収集の時間を10分に設定していました。しかし，その場で初見の英文を読んで理解し，キーワードをメモしながらの活動は想像していたより時間がかかっていました。

● 3つ目の壁：リハーサルしない

　情報収集はなんとかできていましたが，伝達の練習をすることができていませんでした。その後，ジグソーグループに戻って各自が情報を伝達するにもかかわらず，数名の生徒だけが個人で練習していて，グループ内でお互いに練習し，チェックする姿は見ることができませんでした。

● 4つ目の壁：英語でのディスカッションが活発でない

　そのテーマについてどう思ったかなどの意見交換や，そのトピックについて更に広げてディスカッションするように促したかったのですが，何の手立てもない状態での英語での意見交換はハードルが高すぎました。

● 5つ目の壁：リテリングを聞き流し

　ジグソーグループで伝達させる時，なんとなく聞いている生徒が何人かいて，機械的に順番に発表しては拍手をしているだけの単純作業の繰り返しのように感じ，発表する側のモチベーションも下がっていると感じました。

セバス先生発・ワンランク上を目指すアドバイス！

協働学習をさせる時に，必ず生徒全員が取り組めているかどうかを確認します。そして，取り組めていない場合は，何が問題なのかを観察し，改善点を見つけ出します。次の章では改善点を具体的にお伝えします。

47 ジグソーは予習として ウォームアップの帯活動で行う

40人クラスの場合,通常のジグソーでは人数が多すぎて情報収集や伝達があまり機能しません。そこで,グループ内でペアを組むなどの学習形態を工夫し,適切な制限時間や一人ひとりの役割分担,視覚教材を活用すると,40人の通常クラスでも積極的に参加させることができます。

1 グループ内でペアを組んで発表する

●工夫点1:ミニティーチャーとしての予習タイムで行う

新しいパートを指導する度に,教師の説明で始めるのではなく,帯活動として8人グループ内でペアによる発表・説明で始めます。インフォメーションギャップを作り,ジグソーのアイデアを織り交ぜ,生徒は自分が割り振られたパートをペアと協力して責任を持って予習し,他のメンバーに伝達する発表活動です。単元の始めに20分程度時間を取ります。

●工夫点2:移動しないジグソーで効率化を図る

通常のジグソーではなく,8人グループを5つ作り,そのグループ内でペアを組ませます。4つのペアの伝達するパートが重ならないように,教科書

の4パートを分担させます。分担するパートが決まれば，2人で協力して内容を理解させます。ワークブック，ワードリスト，音読ハンドアウトは事前に配布し，辞書の使用も許可してペアで調べさせます。その後，簡単な枠が書かれたジグソーチャート用紙を配布し，発表準備に取り組ませます。この用紙にはトピックセンテンス，内容の感想，パラフレーズした要約文，リスナーへの質問などを書くように指示します。発表時間はペアごとに3分と設定し，必ず最後まで活動を継続できるような工夫を考えさせます。

●工夫点3：ホワイトボードや付箋を活用

　発表時には更に分かりやすいように情報の可視化を考えて，絵やマッピング，グラフなどが自由に書けるようにホワイトボードとマーカー，付箋の束を1グループに1つ配布します。ホワイトボードを用意することで，発表時のリテリングのためのマッピングなどを作成することが容易になります。班のメンバー全員に提示できる視覚化ツールは，リスナーの視線をホワイトボードに注目させることもできるので，不安を減らす効果があります。

　発表者によっては質問を口頭だけで行うのではなく，質問の答えを付箋に書かせることもあります。トピックによって様々な意見が出る場合や，他の生徒の体験談を色々引き出す場合なども付箋に英文を書かせます。1アイデア1枚と決め，その意見をホワイトボードに貼らせ，それを用いて班の中で意見を広げたり，まとめたりさせます。

　モチベーションマネジメント方法としては，ジグソー用のルーブリックを配布して，生徒の行動を活発的にする工夫もできます。ルーブリック例は，前編『高校英語のアクティブ・ラーニング　成功する指導技術＆4技能統合型活動アイデア50』(明治図書)を参照して下さい。

セバス先生発・ワンランク上を目指すアドバイス！

　教師が指導する前に，あえて生徒に任せ，自分たちで考えさせて発表させると，失敗したり，言いたいことが言えない経験をさせたりすることになります。しかし，その体験こそが生徒の学ぶ意欲を刺激します。

▶文法指導

48 比較級の指導は生徒を動かして行う

　文法指導は，focus on form の概念をベースに，コミュニケーションや意味理解を中心とした活動の中で，明示的に文法形式にも注目させます。文法用語をできるだけ使用しないように意識し，対話的な学びの中で生徒が文法形式に気付くように指導することで生徒の文法への苦手意識は減ります。

1　物を活用する

　生徒は文法と聞くだけで，ルールが多くて難しいといったイメージを少なからず持っています。そこをあまり意識させずに，しかし自然と定着させるように仕向ける方法の1つが，focus on form を意識した文法指導です。

　教師が最初に自分の持ち物を用いて比較級の英文を使いながらモデルを示します。次に，生徒を2人指名し，例えば筆箱やかばんなど同じものを持たせて教師がその生徒の物を比較級で説明します。その後，ペアを組ませて自分たちの持ち物を用いて，できるだけたくさん比較級を用いて紹介し合いま

しょうと指示します。気を付けなければいけない点は，身長や体重といった個人的な身体的特徴などは言わないようにするなど，事前に教師から注意点を伝えておき，嫌な思いをする生徒が出ないようにクラスルームマネジメントを行います。

2 生徒自身の情報を活用する

　生徒が住んでいる場所から学校までの距離を調べる活動です。Where do you live? How long will it take? の質問から始まり，生徒に教室の前で4列ほど作らせ，距離の近い生徒から遠い生徒まで順番に並ばせます。その後，確認を兼ねて前後の生徒同士で比較級を用いて口頭で以下のように簡単にプレゼンさせます。

How far do you live from our school?　　closest → furthest

　間違えた場合やターゲットグラマーを用いずに発表した場合は，その場ですぐにフィードバックし，再度口頭で発表させて意識させます。
　このように，特定のターゲットグラマーを使用する状況を教師が設定し，生徒はそのタスクを遂行するために，コミュニケーションを通して自然と文法形式に触れていきます。

セバス先生発・ワンランク上を目指すアドバイス！
　文法指導の時も指導という視点からではなく，Students centered の視点で考えます。生徒が主体的に学ぶためには何が必要かを考え，kinetic な活動を織り込むと，文法が苦手な生徒も体を動かしながら文法形式を定着させることができます。

49 過去形の指導は想像力を働かせる活動を通して行う

　文法指導では，生徒の想像力を活用した言語活動を通して定着できるように心がけています。ブルーム (Bloom, 1956) は，言語活動を通じて行われる思考を，「記憶」から「創造」まで，基礎的なものから発展的なものまでの6段階に分け，どのような言語活動がどのような「思考力」を伸ばしていると考えられるかについての分類を行いました。その中で high order skill である creative に焦点を当てた文法指導を紹介します。

1　動詞を繋げてストーリーを作る（例：get, begin, grow）

　6人1組のグループを作ります。あらかじめ3枚の紙に別々の動詞の原形を書いておき，グループごとに配布します。書いてある動詞は生徒のレベルに応じて教師が選択します。教科書で出てきた新出語彙や，これまでに習った重要な動詞を選ぶと，復習もかねて，語彙力の強化にも繋がります。生徒はグループで協力しながら，配布されたカードを過去形に変形させながら3

つの動詞を繋げて1つの物語を作ります。作り終えたら，黒板に英文を書くように指示します。

例：I got "Beyond Methods". I began to study *with* it. My ability grew *up* by reading it.

次にグループ全員で書いた英文を音読させます。そして，聞いている他の生徒に誤りがないかどうか，3文が意味的にも不自然ではないか問いかけます。その後，誤りが発見された場合は，間違えているところにアンダーラインを引き，生徒に考えさせて，エラーコレクションさせます。生徒同士でfixさせる（ピアフィードバック）過程でも思考力は伸びます。

例：I got "Beyond Methods". I began to study <u>*with*</u> it. My ability grew <u>*up*</u> by reading it.

ここでは，*with* と *up* が不要であることを気付かせます。他にも，I fed some food to my cats. <u>But</u> they fought each other. <u>So</u> I felt sad. but と，so はカンマで小文字にするなどの訂正もさせます。

2 サイコロを使用してフラワーディスカッションする

4人グループを作り，白紙の紙を1人につき5枚配布します。1枚につき1文過去形を使って自分の過去のことについて紹介する英文を自分のサイン入りで書くように指示します。机の真ん中にそれぞれ合計20枚の紙を裏側にして花びらのように広げて置き，生徒はそれぞれ自分の消しゴムをどこか1枚の紙の上に置きます。1班に1つサイコロを配り，双六ゲームのように，自分が消しゴムを置いた所の紙を読み上げて，書いた人に質問し，書いた生徒はその英文に関連のある話をします。

セバス先生発・ワンランク上を目指すアドバイス！

文法指導におけるタスクは，生徒同士のコミュニケーションを通して達成できるように，文脈のあるクリエイティブな言語活動を考えること，そして何度も繰り返し，その文法項目に触れさせることが大切です。

50 Sequencersを活用して過去形を指導する

過去形の指導では，生徒に体験談ベースで語らせる活動から始めます。体験談であれば，何を話したら良いのか分からない状況はありえません。話す内容は頭にあり，それをどのように表現するかに集中できます。そこで，Sequencersを用いて自然と繋がりのある英文を言えるようにガイドします。

1 英文を並べ替えて2文から4文にマッチングする

● 1人1枚英文が書かれた紙を配布します

例：① <u>First, I go</u> to Whole food　② <u>and buy</u> delicious bread.
　　③ <u>She sits</u> at Starbucks　④ <u>and then drinks</u> many lattes.

生徒は教室を歩きながら自分が持っている紙の英文と意味が繋がる相手を探します。上の例であれば，①と②がマッチング，③と④がマッチングできます。更に，ペア同士で意味が似たようなもの同士で4人グループを作ります。①②と③④は飲食物という点で共通しているので同じグループになります。次に，Sequencersと動詞にアンダーラインを引かせ，動詞の原形は過去形に書き換えてノートに4文書くように指示します。

●過去形を使った思い出話をペアで行う

　生徒自身の体験談を話す練習でも過去形を使用する場面を作り出せます。例えば，今までに読んだ本を１冊選び，その内容について口頭で簡単に紹介させます。誰が，どこで，何をして，その後どうなったといったように過去形を使って紹介させることができます。

●週末日記を活用してペアで報告する

　先週の土曜日と日曜日に何をしたかを報告する活動です。ここはまだ最初の段階なので簡単に口頭でどこに行き，何をして，どうだったかの感想を３文程度の日記として話させる活動です。

2　Sequencers カードを使用して即興的な発話を促す

　センテンススターター（ここでは Sequencers）を使って，ストーリーをその場で考えて過去形を言う練習を５パターン紹介します。

Sequencers カードに書かれている例

　suddenly, early this morning, at the end of the day, After she left など

①３人グループで順番に１人ずつ１枚カードを取って，カードに書かれているセンテンススターター（Sequencers）から始めて過去形の英文を言います。②２枚カードを引いて，カードに書かれている Sequencers を使って文を作ります。③相手のストーリーに話を繋げて話を膨らませます。④自分の順番が来るたびに，引いたカードを最初から最後まで１つの物語として繋げます。⑤全員で，最初から最後まで話を繋げて，１つの物語を作ります。

セバス先生発・ワンランク上を目指すアドバイス！

　上の例のように，同じ活動でも①から⑤までバリエーションを増やして，生徒が言いたいことを言えるように生徒のレベルに応じて取り組ませることがポイントです。

Chapter 4

ちょっとの工夫で効果抜群!
授業づくりのポイント
Q&A

Q1 活動をしても生徒が動かなくて困っています

A 「生徒が動かない」と，「生徒を動かすことができない」のかでは，意味が違います。生徒が活動に乗ってこない理由に対するベクトルが，全く違います。前者は動かない理由は生徒側に原因があるという考えに対し，後者は動かない理由は教師側，つまり自分自身にあるという考えです。前者の考えだけに固執してしまうと「自分の学校の生徒は勉強できないから」「あのクラスはやる気がないわ」など，生徒の悪口が職員室に響き渡ってしまいます。もし，その場に新規採用でやる気に満ちた教師がいたら，その教師のやる気までも奪ってしまいそうなくらいのマイナス発言だと思います。パワハラやモラハラやセクハラなどの言葉が社会全体に広がっていますが，新規採用の教師が，そのような失言をしている先輩教師に対して，リスペクトできるでしょうか。最初から異を唱えることは，かなり難しいというのが現状です。しかし，私は新規採用の時に，担当の指導教諭に異を唱え続けていました。そういう愚痴が聞こえてくるたびに「授業で勝負だ！ 良い授業をすれば必ず生徒も動く！ 愚痴などで口を動かす暇があるなら，生徒が動くための活動内容を考えろ」と心の中で思い，「私はそうは思いません。私自身が高校生の時も，授業を聞いていませんでした。つまらなかったからです。だから生徒を動かすためにはどうすれば良いかを常に考えていますし，動かなかった時は反省して，次の授業を改善します」と言い切っていました。

では，「生徒を動かすことができなかった理由」を考えてみましょう。

1：指示を通すことができなかった。2：活動の意義を共有できなかった。3：難しすぎた。4：簡単すぎた。5：つまらなかった。6：人間関係が良くなかった。7：教室の雰囲気が悪かった。8：気持ちを乗せることができなかった。9：グルーピングが上手くいかなかった。10：メリハリを付けることができなかった。

次に，この10個に対する改善策や工夫している点を考えてみます。

1：教師の指示はシンプルに素早くが鉄則です。英語で無駄にだらだらと指示をしている間に，生徒が理解できなくなっていては意味がありません。ワンセンテンスワンメッセージで，短く伝えましょう。板書やハンドアウト，スライドに指示の核となるキーワード，例えば動詞などは文字を大きく太くして示します。

2：その活動を通してどのような力が付くのかをCan-doで示し，目標を明示的に示します。透明性を持った活動であれば，生徒も納得して動きます。活動後に自己評価させると，伸びを体感させることができます。

3＆4：活動レベルが，目の前の生徒に合っているかどうかを判断できるのは授業担当者だけです。クラッシェンのｉ＋1を基本に，少し難しめの活動を準備します。ただし，活動に応じてあえて少し易しめの活動から入り，段々と難しい活動に移行していく方法も効果的です。

5：やってみたいと思うような活動を，教師自身が生徒の立場になって考えます。わくわくするような活動を常に考えましょう。50分の授業の中で，活動レベルも変化させ，早く終えた生徒への次の一手を用意しておくと，どの生徒を対象にしても生徒は動きます。

6＆7：人間関係は基本中の基本です。生徒同士の関係，教師と生徒の関係は，直接授業の雰囲気に影響します。指導技術の前に，心構えや生徒との向き合い方を大切に，部活動や趣味など，授業以外での会話が大切です。

8＆9：ウォーミングアップにグルーピングを工夫して，ペアや座席を変えます。ペアなのか4人なのか，その活動に合った人数を考えないと暇を持て余す生徒が出てしまいます。生徒全員を忙しくさせ，生徒同士が学び合う環境を作ります。

10：適度な休憩も必要です。短距離走と長距離走と使い分け，立ち止まってゆっくり考える時間や，授業内容を振り返る時間も大切です。活動ごとに「静と動」を織り交ぜて，トランジションも用意し，活動ごとの繋がりの場面で，生徒が付いて来ているかを確認します。

Q2 発音指導は必要ですか

A はい，必要です。生徒の発音をあなたが指導しなければ，誰が指導するのでしょうか。生徒にとって，英語に触れる時間が一番長いのは，授業中だと思います。つまり，教師が発する英語を一番長い時間聞くことになります。なので，教師は一番の見本となるべきです。そのため，教師は自身の発音に気を配りながら，生徒の発音を指導していくべきではないでしょうか。洋画を見たり，外国人の先生と会話をしている内に，そのうち自然と英語らしい英語が話せるようになるという意見も聞きます。もちろん家庭学習で生徒が洋画を見たり，外国人講師と話をすることは重要です。しかし，日本の様な EFL 環境において，大量の英語を無意識に聞いている内に発音が上達するには，洋画を見続けるという多大な時間と，それらを継続する強い意思が必要です。高い動機付けがない限り，それを全ての生徒に期待することは難しいと思います。限られた時間で効率的に生徒の発音力を伸ばすことができるのは，洋画でも外国人講師でもなく，間違えやすい発音の特徴を知っている日本人教師です。

　日本語英語の特徴である母音挿入などは，英単語の音声イメージを大きく変えてしまいます。例えばチョコレートやマクドナルドは母音挿入のままの日本語英語で発音する場合と，英語で発音する場合の音節数の違いは，次のようになります。本来母音が3個の単語なのに，日本語だと5，6個になります。

チョ・コォ・レェ・エー・トォ /cho・co・late/ チョコレ
マァ・クゥ・ドォ・ナァ・ルゥ・ドォ /Mc・do・nald's/ メッダーノウズ

　1つの単語であれば，聞き手に文脈で判断してもらえると，安易に考えがちですが，相手の立場（聞き手）に立った時，文脈から予想して話の内容を理解してもらうのか，余計な労力を使わせずに，すっと理解してもらうのか

では，相手が受け取る印象は違います。例えば，手紙の場合を考えて下さい。パソコンの普及に伴い，（以前ほど）字が汚いことや綺麗なことは，日常生活にあまり問題がないように思います。しかし，相手に気持ちを伝える時に，あえて手紙を書く場合もあると思います。そのような時に，字が汚い手紙と綺麗な手紙を受け取った場合，印象は変わってきませんか。他にも，数字やアルファベットが走り書きで読みにくい答案を採点する時と，読みやすい答案を採点する時と比較して下さい。αかdかの採点で悩んだことはありませんか。生徒が「先生，これ，私はaのつもりで書いたのですけど，，，」とテスト返却の時に伝えに来た生徒を私は見てきました。文字はその人を表すと言うように，発音もその人を表現します。今まで特に発音を意識していなくても通じてきたと言う意見も良く聞きます。もしかしたらそれは，相手が理解するために，文脈やあなたとの関係性から脳内で処理して，その場に応じた解釈をしてくれていたのかもしれません。

　私は，発音指導を誤解している教師が多いような気がします。例えば，「発音指導をしている時間がない」「発音を直すたびに生徒が委縮してしまい，声が出なくなった」「発音はテストにでないから不要」「World Englishesの時代なので，発音にはこだわりません」，この様な意見を聞きます。私の回答は，時間をかけず，委縮もさせずに指導できますよ。テストの概念を変えましょう。音読させていますか，発表させていますか，生徒が授業中に英語を発する時間が1分でもありますか。それら全てにフィードバックすると発音指導ですし，チェックすると発音テストです。様々な発音と言っても，子音は99%以上共通です。Jenkinsという研究者が提唱しているリンガフランカコア（国際共通語としての英語において外せない，音声面の中核的な要素）の必須発音習得項目の1つに，l, r, f, vの日本人が苦手とされる項目があります。私が担当した生徒の発音とそうでない生徒の発音の質は全く違います。発音指導を受けたことで，英語授業に対して消極的になった生徒や委縮している生徒はいません。むしろ自分の英語に自信を持てるようになり，英語で話すことを楽しんでいます。どうぞいつでも授業を見にきてください。

Q3 発音指導の優先順位が分かりません

「発音は大切であり，発音指導をしたいのだけれど，何からどう指導したら生徒の発音力が向上するのか分かりません」といった趣旨の質問をもらうことがあります。この手の質問は大歓迎ですし，同じ英語教師として嬉しく思います。それは，効果的な発音指導の方法が分かれば生徒に実践したいという質問者の意図が感じられるからです。発音軽視隊 VS 発音重視隊。私がこれまで英語の授業を観察してきた中で，発音を軽視している教師が，発音以外のその他の部分においても，優れた授業をしていると感じたことはほとんどありません。日本語発音を期待している生徒も，恐らくいないと思います。私がこれまで10数年間出会ってきた生徒も，できることなら発音力を向上させたいと思っていました。最初の授業で生徒がこの教師について行きたいと思う瞬間は，教師の口から発する英語の音声です。どれだけ入試対策用の文法の説明が上手でも，どれだけ生徒指導が得意でも，学級経営が上手でも，発音軽視隊の生徒の発音力が向上することは難しいと思います。発音軽視隊から発する英語を聞いている生徒の意識までも，発音を軽視するようになってしまう可能性があります。もちろん，私の英語の発音もまだまだ改善しなければならないことが沢山あります。日々，トレーニングをしております。大切なことは，教師が発音軽視隊になるのではなく，日々の授業実践の中で，発音を意識するよう仕向けることです。発音は，英語力の中でも基礎となる，最も大切な部分だと思います。

それでは，私がこれまでに実践してきた方法を紹介します。どの音に注目して発音トレーニングを行うべきかと，調音方法，トレーニング方法をお伝えします（詳細は靜哲人『絶対発音力』（ジャパンタイムズ），『音トレーニングドリル』（アルク），『音ティーチングハンドブック』（アルク）参照）。

まずは，リンガフランカコアの必須発音習得項目の l, r, f, v です。LとR

の区別がない英語の種類というのは，母語に影響されている「日本人英語」と「韓国人英語」を除いては皆無と言われています（靜，2013『音ティーチングハンドブック』p.10）。次に th です。Jenkins は，無声の th は，場合によっては f で代替してよい，という提案をしていますが，f も苦手な日本人にとって現実的ではありません。では，最優先発音指導ポイントを示します。

① L：日本語のラリルレロ（ラ行）の音と英語のLの音の違いに注目
② R：日本語のラ行の音と英語のLの音と英語のRの音の違いに注目
③ F：日本語のハヒフヘホ（ハ行）の音と英語のFの音の違いに注目
④ V：日本語のバビブベボ（バ行）の音と英語のVの音の違いに注目
⑤ TH：日本語のサシスセソ（サ行）の音と英語の TH の音の違いに注目

調音方法
・Lの調音方法は，舌先を歯茎に長く接触させます。ラ行音は伸ばせない，Lは伸ばせます。
・Rの調音方法は，唇を少し突き出し，その状態で小さくウーと言いながらRの音を言います。舌先を巻き上げ，絶対に舌先でどこもたたかないように発音します。
・Fの調音方法は，上唇は全く動かさずに，下唇だけを動かして上前歯に強く当てます。噛むのではなく，下唇の内側を上の前歯に強く接触させて，その状態で息を強く出します。
・Vの調音方法は，上唇は全く動かさずに，下唇だけを動かして上前歯にごく軽くあてます。噛むのではなく，下唇の内側を，上の前歯にごく軽く接触させて，その状態で息を軽くじわりと出します。
・THの調音方法は，舌先で上の前歯を軽く触り，そのまま舌と歯の間から息を出します。声帯を震わせずに息を出せば thank you などの澄んだ th の音，声帯を使って声を出せば that などの濁った th の音になります。生徒の英語を聞いていて一番気になる音はこのThの音です。日本語のサンキューと thank you の違いを認識させるためには，th のつづりを見たら，とにかく舌先を歯に付けさせましょう。

次に，6〜8を押さえます。
⑥ N：日本語の「ン」と違い，n は舌先を歯茎に付けます
⑦ 母音の æ：bad，cat などスペリングが a で，強勢がある短母音
⑧ 母音の ə：弱く言うべき部分の母音を低く短くあいまいに発音します

調音方法

・N の調音方法は，舌先を歯茎にしっかりつけて，特に語末の n は小さく「ヌ」を言うつもりで発音します。「ン」ではなく「ヌ」です。

・母音の æ の調音方法は，「エ」の口の形を作り，「エ」を言うつもりで「ア」と言います。やや長めに伸ばしてアとエの中間のような音です。

・あいまい母音の ə の調音方法は，スペリングが a, i, u, e, o のどれであっても，強勢がない場合は，口をあまり開かせずに，舌を口の中の真ん中に置いて，とても短く低い声で早くあいまいに発音します。

最後の9，10は教師がモデルとして提示できるとベターだと思います。

⑨ 帯気音の p, t, k：tea と発音する時，t をキレ味抜群に発音します
⑩ 破擦音の dʒ と dz：dʒ と ʒ，dz と z は違います

調音方法

・帯気音の p, t, k の調音方法は，pin，tea，kit など語頭に p, t, k があり，その音節に強勢がある場合，息を強くはきだして，ほんの一瞬だけ間をおくイメージで最初の音を出します。ティーと言う前に，小さく「トゥ」をイメージしながら息を吐き出して ティーと発音します。

・破擦音の dʒ と dz の調音方法は，必ず一度呼気を遮断するために舌を歯茎に付けて声道を閉鎖します。page はペイジではなく，ペイッ（舌先で呼気を遮断）チ"と発音します。「ペイッ　　チ"」。少しジャンプする時に，エイッと言いながらジャンプしているイメージです。dz と z の違いは cards と cars の違いです。cards も，必ずいったん舌先で呼気を遮断して発音します。"カーズではなく，カー（舌先で呼気を遮断）ッヅ"と発音します。

一度に全部伝えると，生徒も混乱してしまいます。まずは，個々の子音や

母音の発音指導を順番にしっかりとしましょう。その次の段階では,リズムやイントネーションの文アクセントに発展させます。

●日本語を使った発音練習 English 5-7-5

これは,俳句でおなじみの日本語の「五七五」の一部の音だけを,英語の音に換えて言うというユニークな発音練習方法です(詳細は靜哲人『絶対発音力』(ジャパンタイムズ)参照)。

> 『絶対発音力』p.76からの引用例:
> さようなら(5) | せんせいみなさん(7) | またあした(5)
> Thぁようなら | Thぇん Thぇいみな Thぁん | またあ Thぃた

次は,実際に生徒が作って発表してくれた作品例です(詳細は小林翔『高校英語のアクティブ・ラーニング 成功する指導技術&4技能統合型活動アイデア50』(明治図書)参照)。

> S1:Rぉてんぶ Rぉ お風 Rぉでゆった Rぃ よぞ Rぁ見 Rぅ

●ミニマルペア:誕生日をコードで言う練習

Use the code below to say your birthday in MM / DD format.
For example, January 5th (01/05) becomes: "vote, mouse, vote, lack"

| 1=mouse | 2=mouth | 3=sink | 4=thing | 5=lack | 6=luck |
| 7=fly | 8=fry | 9=boat | 0=vote | | |

LR 集中パターン

For example, July 28th (07/28) becomes: "row, rock, light, lock"

| 1=right | 2=light | 3=read | 4=lead | |
| 5=rice | 6=lice | 7=rock | 8=lock | 9=low | 0=row |

これらが正しく発音できるかどうかで,英語の発音の質は格段に変わり,生徒も自信を持って英語を話すようになります。発音指導は短距離走ではなく,長距離走のイメージで,ゆっくり長く継続して指導することが大切です。まずは,生徒が英語の発音を意識して,口をしっかりと動かしているかを確認し,口元をしっかりと観察しましょう。即時フィードバックしている英語教師の眼光は,常に輝いています。

Q4 Critical Thinking を付けるためには何をしたら良いのでしょうか

A 　一言に，批判的思考力を付けると言っても簡単なことではありません。しかし，普段の授業から生徒に，深く考えさせるようなCritical Questions は用意することが大切です。Critical Questions の授業での発問例は Chapter 2の**20**を参照してください。ここでは，海外派遣研修先のブリティッシュコロンビア大学で学んだ Critical Thinking の活動例を3つ紹介します。(This chapter covers material developed by Jody. Shimoda.)

● 1：Essential communication （Source：Jody. Shimoda.）
　まず，状況説明をします。
Think：世界が突然変わり，人類が話すことができるただ1つの言語は，英語だけになりました。そして，その新しい英語はたったの10語のみです。
Do：その10語のリストを作りなさい。
Speak：その10語を選んだ理由を説明しなさい。

　手順としては，Essential Words の欄と，Reason for choice の欄だけを書いたハンドアウトを生徒に渡します。まず，個別に考えさせて10個の単語とその単語を選んだ理由を書かせます。次に，4人グループを作らせてそれぞれの考えをシェアさせて，グループとしての10個を選出させます。選出後は，グループごとに黒板に書くように指示します。

　生徒は10個という制限の中で，どの単語が日常的に頻繁に使われているか，生きていくうえで必要な単語は何か，ジェスチャーなどで表現できない単語は何かなど，とにかく考えます。その単語を選んだ理由を説明する時は，～の場面で使われているから重要である，など説得力のあるプレゼンテーションが必要になります。自分が選んだ10個の単語を自分が開発した商品に例えるならば，その商品価値をプレゼンテーションするような状況です。

ディスカッションが盛り上がるポイントは，同じ単語を選び，agree状態なのですが，選んだ理由が異なる時です。研修参加者による例を紹介します。ある生徒がYes，Noの単語を選んだとします。理由はコミュニケーションにおいて必要不可欠だと考えたからです。別の生徒は，首を縦に振ったり横に振ったりするジェスチャーでコミュニケーションが取れるので，10個に選ぶのはもったいないと言いました。それに対してまた別の生徒が，ブルガリアではそのジェスチャーが逆の意味になると聞いたことがあると言いました。つまり，Yesの時は首を横に，Noの時は縦に振りますという意見が出ました。これには他のメンバーも驚きました。ディスカッションを通して異文化に触れ，新しい発見があるとワクワクします。もちろん，このようなサプライズな情報はこの後の全体発表でも披露してもらい，他の生徒を驚かせていました。他にも，loveを選んだ生徒の理由が"We can stop war with this word."と言い，他の生徒を笑顔にさせていました。「愛は気持ちだから言葉にする必要はない」という意見に対して，「言葉にしないと伝わらない時もある」と応答している場面などもあり，とても楽しい発表でした。

● 2：Balance our needs and wants（Source：Jody. Shimoda.）
　まず，状況を説明します。
Think：あなたが欲しい物が何でも3つ手に入ります。その代わりに，今持っている物を3つ手放さなければなりません。何を手に入れ，何を捨てますか。
Do：その欲しい物と捨てる物のそれぞれ3つのリストと，その理由を書きなさい。
Speak：その6個を選んだ理由を説明しなさい。
　ハンドアウトには，What I choose to have と What I would give awayの欄をそれぞれ3つ，I want these things because 〜と I would give up these things because 〜の欄を用意します。この活動は，ブルームのanalyzingやassessingの思考力を付けることにも繋がります。ポイントは，情報を交換しながら考えを再構築していくことです。

●3：Ethical Drama

まず，状況を説明します。
Think：あなたたちは臓器移植を受けることができる患者を決める重要な会議に出席しています。患者の情報は，主婦，大学生，医者，弁護士，教師，小学生，IT社長，パイロットです。
Do：臓器移植を受けるべき患者の優先順位を考えなさい。
Speak：その理由を説明しなさい。

2周目：情報を追加する

グループの生徒が全員発表し終えたら，教師が患者に関するプラスとマイナスそれぞれの追加情報を伝えます。マイナス要素の追加情報例：医者はお酒におぼれ，アルコール中毒状態です。IT社長はお金遣いが荒く，社員にはパワハラやセクハラをします。プラス要素の追加情報例：主婦は元トップアイドルの大金持ちです。大学生は総理大臣の従妹です。小学生はノーベル教育賞最年少受賞者です。これらの情報が追加された段階で，最初に決めた優先順位が変更するかどうかを考えさせます。もし変更した場合は，その理由も考えさせます。

3周目：更に情報を追加する

2周目のディスカッションが終われば，また更に新情報を追加します。マイナス要素の追加情報例：総理大臣の従妹の大学生は，過去に何度も問題行動を起こしており，友達とのトラブルが絶えません。元トップアイドルの主婦は，過去の栄光が忘れられずに家政婦を雇って家事を全くせず，豪遊生活の果てに多額の借金を抱えています。ノーベル教育賞受賞者の小学生は不治の病にかかってしまいました。プラス要素の追加情報例：医者は薬を飲めば問題なく生活できます。IT社長はプログラミング教育の第一人者です。

このように，途中で新情報を追加していくことで，生徒は再考し，考えを再構築します。段階を踏むごとに意見交換も活発になり，多様な意見を聞きながら自分の考えと比較することで，Critical Thinking Skillsを育成します。

Q5 リスニング指導で生徒が飽きてしまいます

A リスニングといえば,「聞くこと」なので,どちらかと言えば受身のイメージがあると思います。どのようなリスニング指導をされていますか。リスニングの副教材を使って問題演習形式で帯活動的に取り入れている場合や,生徒が自宅で毎日ラジオ英会話を聞くように計画を立てたり,リスニング教材の問題を解かせたり,教科書付属のCDを購入させて家で音読やシャドーイングをさせたりしていることもあると思います。

●授業と家庭学習をリンクさせる

　生徒がアクティブにリスニング活動に取り組むためには,継続する高いモチベーションが必要です。しかし,残念ながら全ての生徒が強い意志を持って取り組めるわけではありません。リスニング練習などの場合は,英語が苦手な生徒にとっては,ただの心地良いリズムに聞こえ,眠気に負けてしまうことも少なくありません。授業中にそのような状況であれば,家庭学習でリスニング課題を出しても効果はあまり期待できません。家庭学習にきちんと取り組ませるには,授業と家庭学習をリンクさせる仕掛けが大切です。その仕掛けとは,「授業中のリスニング活動に自然と取り組ませる仕掛け」と「家庭学習でも取り組まないと次の授業に参加できない仕掛け」です。

●授業中のリスニング活動に自然と取り組ませる仕掛け

　「1人だけで取り組ませない」ことが大切です。いきなり,英語を聞かせて問題を解かせるのはタブーです。英語が苦手な生徒をできるだけサポートをしましょう。リスニングでスタートするのではなく,テーマに関するブレインストーミングから始めて,キーワードを考えさせ,その後にペアで考えをシェアさせると,全員がテーマの背景知識を身に付けている状況になりま

す。1人で考えさせた後に，ペアで協力して取り組ませる流れが基本です。
　次に，「リスニングをリスニングだけで終わらせない」ことです。聞く活動だけでなく，意見を交換する活動や，考える活動，書く活動，読む活動などを全て盛り込みます。リスニングが苦手な生徒でもリーディングが得意であったり，友達と話すことが好きな生徒であったりと，生徒の特性は様々です。リスニングが苦手な生徒が，リスニングだけを集中してトレーニングするとなると，嫌な気持ちになるのは当然です。そこで，4技能5領域を取り入れたリスニングトレーニングを行い，苦手なリスニングからの意識を少しだけそらします。

● 家庭学習でも取り組まないと次の授業に参加できない仕掛け
　最初の授業と次の授業を繋げる時に，宿題の存在は偉大です。「取り組みたくなる宿題・取り組まないといけない宿題」を教師が考えて出すことができれば，生徒は家庭学習に取り組みます。今回のリスニングの例で言えば，授業でリスニング活動を終えた後に，スクリプトを渡し，fact checking question から critical question まで含めた問いが書かれたハンドアウトを配付し，それらの問いに答えることを宿題に課します。そして，次回の授業でそのハンドアウトに書かれた問いを使ったグループワークを行うことを告知すれば，グループのメンバーに迷惑をかけないでねというメッセージを暗に伝えられます。

● 取り組みたくなる宿題＝答え合わせ
　答えが気になっていれば，答えをチェックしたくなりますよね。テスト後に模範解答を配付すると，授業終了のチャイムの後でもその場でチェックを続けている生徒のイメージです。ここで言っているのは，そのような単純な答え合わせではなく，授業で学んだこと（リスニング）を，宿題でチェック（スクリプトを読み）し，そこに書かれた問いに答えることです。授業を聞いていればスクリプトも理解しやすくなりますし，critical question まで含めることで，熟考して何度もスクリプトを読み，考えるようになります。

●4技能5領域統合型　リスニング指導例

The word collector-video activity [Rosi Varela]. (2016, April 19). The word collector [video file].
(This chapter covers material developed by Jody. Shimoda. Retrieved from https://www.youtube.com/watch?v=2lmqSsFrIIA)

Pre-viewing

1．What do you think a "word collector" does?

　リスニングさせる前に，タイトル「word collector」を板書し，個人で内容の予想とその単語から連想される言葉をできるだけたくさん書き出させます。
　ペアを組み，書き出したアイデアをシェアさせます。

While you watch the video

2．Write the words (<u>nouns, adjectives</u>) you hear in the video that build the story.

　最初は名詞や形容詞を中心にメモを取るように指示します。ビデオを見ながらリスニングするメリットは，リスニングが苦手な生徒にとっても映像がヒントになることや，このビデオの場合は所々で内容のキーワードが文字としても表示されるので，メモを取る時に役立ちます。リスニングが得意な生徒は映像を見ずに挑戦してみたり，途中で難しいと感じたら顔を上げて見ながらリスニングしてみたり，苦手な生徒は最初から映像を見ながらリスニングしたり，自分でヒントを取捨選択します。生徒のリスニングのレベルがほぼ同じ場合は，リスニング回数を決めて，1回目は映像を見ずにリスニング，2回目は途中から映像を見てリスニング，3回目は最初から映像を見てリスニングなど，徐々にヒントを付け足して聞かせます。

　自分でメモしながらリスニングした後は，ペアでのシェアの時間です。この時に，友達のキーワードを自分のメモ用紙に追加して書くように指示します。シェアさせる時は，日本語でもOKにしてリスニングとメリハリを付けます。

3. Make notes about the main events in the video that build the story.

次に，ストーリーの流れを書くように指示します。先ほどメモしたキーワードを参考にもう一度聞き，登場人物がどこで何をしてどうなったのかを簡単に説明できるようにメモさせます。

ある程度時間を取り，説明できるようになったらペアを組ませてお互いにあらすじを説明し合うように指示します。

Responding to the video

4. Choose one of these quotes from the video and respond to it. Read the question after the quote and write a short answer.

ハンドアウトにあらかじめリスニング教材で使われていた引用文を2つほど載せておきます。その引用文に関連のある質問を用意して，生徒に深く考えさせます。ここでも "Personalization" の視点を取り入れて，学習した表現や内容を生徒の実生活に繋げ，ストーリーに引き込むことがポイントです。質問も生徒が意見交換をしたくなるような，答えが色々と出てくる可能性のある質問を考えます。ただし，難しすぎる質問ばかりではなく，最初は簡単な質問から始め，段々と難しい質問に段階を踏んで繋げていくことが大切です。

引用文例1："Man is forgetting all of the beautiful words. They don't give them importance. They are too busy."

Extend your thinking: What is a beautiful word? What are three "beautiful words" in your life?

引用文例2："They invented new words. They gave them as gifts."

Extend your thinking: What are three words you would give as a gift? Why?

5. Read the script and answer the questions by yourself.

リスニング活動の後に，スクリプトを配付して読ませ，リスニング活動で自分が理解していたものと内容が同じであったかをチェックさせます。次に，Q1, 2, 3の，fact checking questionに答えさせます。Q4～12は，正解が1つではない質問のため，家庭学習でじっくりと時間をかけて考えてこさせます。

(1) What is Luna's passion?
(2) Can you list 3 kinds of words that Luna collected?
(3) What facts show that Luna's world was changing?
(4) What does "Man is forgetting all of the beautiful words. They don't give them importance." mean?
(5) What would happen to words if people weren't so busy?
(6) What question would you ask Luna about her passion?
(7) Why do you think it is important for Luna to plant seeds of fraternity, love and tolerance?
(8) What evidence can you find to show that the world started changing during Luna's trip?
(9) What is the importance of Luna's trip?
(10) What conclusion can you make about Luna's effect on the world?
(11) How would you prioritize the places where Luna stopped? (1=very urgent, 2=less urgent, 3=important but not urgent)
　　__places with violence/__places with lonely people/__places with worried people

> (12) <u>Based on what you know</u> and from reading this story, <u>what judgment could you make</u> about the atmosphere of the world today?

　これらの質問は，内容を正確に理解していないと答えられないため，何度も本文を読む仕掛けになっています。授業中にリスニング活動で扱ってからスクリプトを配付してリーディング活動に，質問に書いて答えることでライティング活動に，次の授業でその答えをグループで交換することでスピーキング活動につなげます。このようにして，4技能5領域を取り入れた授業を行います。

●その他のリスニング指導展開例

　次の英文は，シンプルに短く要約したものです。これを使って，リスニング活動からリーディング活動にスムーズにつなげる活動を紹介します。

The word collector　スクリプト要約

Luna collected words.
The beautiful, fun and magnificent words disappeared.
Luna asked the birds, clouds and travelers, "Where did the words go?"
Luna couldn't sleep.
Luna put all of her words in a suitcase and left her house.
Luna flew all over the world.
Luna planted seeds of fraternity, love and tolerance.
Luna gave lonely and sad people words full of compassion and friendship.
Luna gave other people fun, crazy and magical words.
Luna's suitcase became empty and she had no more words.

> Other people started inventing new words.
> People gave words as presents and shared them with others.
> Luna gave away all of her words and became happy again.
> The summary by J. Shimoda is based on the script of <u>The Word Collector</u>, a book written by sonja Wimmer.
>
> ref.（2012, Cuento De Luz S1）

　この英文を１文ずつバラバラに細切れにしたものを封筒に入れて各グループに配布し，並べ替え活動に取り組ませます。ビデオを使ったリスニング活動ではスクリプトが全部流れてきますが，この並べ替えの英文は本文をパラフレーズした要約文になっています。そのため，聞きながら大まかな出来事だけをストーリー順に並べ替えることができるため，概要把握の確認に最適です。並べ替えが完成したグループは，１文ずつ読み上げさせてグループ内で内容を再確認させます。この指導展開例は，リスニングが苦手な生徒を対象とした場合でも，協働学習の学習形態を取っているため，取り組みやすいと思います。

Q6 活動や発問を考える時に,何をベースにしていますか

A 英語の授業で活動を考える時に,本や研修会,授業見学などからヒントをもらうこともあると思います。もちろん,そのようなところから色々なアイデアを得て,使えるものを自分の生徒に合わせて実践することは大切です。しかし,ある程度実践を積むと,自分で活動を考えて試し,生徒の反応を見ながら,自分流を確立していくことで,アイデアは無限に広がっていきます。

● Bloom's Critical Thinking Cue Questions

私は活動を考える時に,次のページのURLに載っているBloom's Critical Thinking Cue Questionsなどを参照しています。特に,Analyzing, Evaluating, CreatingのHigher-order thinking skillsを中心に,発問を選択し,それにあった活動を考えます。授業での発問や活動は,Lower-order thinking skillsからHigher-order thinking skillsを含めます。

● Remembering や Understanding（知識や事実の確認,理解や説明）

Bloom's Critical Thinking Cue Questionsでは,テーマや教科書の内容に関する発問や,教科書に載ってある写真を描写する活動や,簡単な表現や自分の言葉で言い換えて説明する活動や要約活動などが考えられます。
Actions：Finding, Locating, summarizing, paraphrasing
Products：Quiz, Definition, Show and tell, List, Outline
Q：What is he doing? Where is she? When did it happen? Who was the main character? What is the definition of the word? How would you rephrase the meaning of that sentence? How would you summarize it? What can you say about that? Which

statements support the author's idea?

● Creating, Evaluating (Higher-order thinking skills)

　例えば，Creating の活動では，"Planning" から「自分たちで修学旅行の行き先を考えて，校長先生に説得力のあるプレゼンテーションをしましょう」「友達の誕生日プレゼントを家に忘れてしまい，取りに戻る時間がないため，最寄りのデパートで10分以内に新しい誕生日プレゼントを考えて購入しなさい，ペアで購入者役と店員役にわかれてロールプレイをしましょう」「あなたの学校に留学生がきます，東京観光のおもてなし１日プランをグループで考え，ベストプランを決めましょう」など，アイデアは無限大です。

　Evaluating の活動では，ディベートを体験させます。チームを２つに分けて特定のテーマについて調査させ，説得力のある報告をさせます。どちらの方が素晴らしいプレゼンだったかをその理由も含めてディスカッションさせます。典型的なディベートまでいかなくても，調査発表と振り返りを中心に persuasive speech を経験させ，相互評価を通して批判的思考力も育成させます。

Actions：Planning, Inventing, Making, Critiquing, Judging, Monitoring
Products：Project, Film, Report, Investigation, Debate
Q：What alternative can you propose? What changes would you make to solve the problem? How would you improve the condition? Why was it better than that? How would you prioritize the ranking? Why do you agree with the outcomes? What would you recommend?

Bloom's Critical Thinking Cue Questions　参考 URL
http://www.asainstitute.org/conference2013/handouts/20-Bloom-Question-Cues-Chart.pdf#search=%27Bloom%27s+critical+thinking+cue+questions%27
http://www.saydel.k12.ia.us/cms_files/resources/general%20CCSSO%20Que%20Questions.pdf#search=%27Blooms+taxonomycritical+thinking+cue%27
https://www.sps186.org/downloads/basic/274780/Costa%20and%20Blooms.pdf

Q7 英語の指導案はどのように書けば良いのでしょうか

A 「英語の授業は英語で」が主流になり、指導案自体もこれまでに比べると英語で書くことが多くなっていると思います。ここでは、海外派遣研修先のブリティッシュコロンビア大学で学んだ英語の指導案の例をご紹介します。

●英文指導案の様式

　授業担当クラスの生徒人数、レベル、最近の学習事項などの情報を上の段に書きます。次に、トピックや授業時間、日付を書き、Content には、Bloom's taxonomy の Understand, Apply, Evaluate, Analyze, Create などのキーワードを入れて SWBAT（Students will be able to ～）を書き、授業で生徒が何をできるようになるのかを書きます。ここが、指導案の幹になるため、Bloom の higher order skills に分類されている、「Analyze, Evaluate, Create」を入れて考えます。Language と Strategies は、概要と活動方法を具体的に書きます。

● Cultural awareness を意識する

　Critical Thinking では、テーマに関連があり、深く考えさせる質問や、生徒自身が世界との繋がりを意識するような発問を考えます。右側の欄には評価方法を記入し、2枚目以降に、具体的な活動内容を Intro, Main, Closure に分けてトランジションも含めた、それぞれの活動時間と宿題を書きます。

●授業で活用するポイント

　Main instruction に教師の具体的な発問やティーチャートークも全て書

いておくと,この指導案自体をそのまま授業に持ち込んで使用することもできますし,授業見学者にも授業のイメージを持たせやすくなります。

英語の指導案例1

Lesson Plan2
Name：
Date：

Background Information： Students (number, grade, age, gender, ethnicity, etc.)： 16 students (Gender：10 female / 10 male students) Instructional setting (institution type, frequency of class session, etc.)： Beginner and Intermediate Recent learning activities (topics, linguistic items, etc.)： N/A		
Topic： Landfill Harmonic	Class： (90 minutes)	Date： September 1, 2017
Objectives：	SWBAT	Assessment：
Content：	· Infer the topic of the lesson through discussing pictures (music instruments out of garbage). · Understand the topic of the lesson through watching a video clip (documentary). · Understand the poverty in Cateura. · Apply one solution by recycling trash and made unique instruments for the children. · Evaluate different issues in the world and creating solutions.	· Ask student to guess the pictures. · Ask student to guess the story in their own words. · Monitor students during the discussion about the pictures and video clip.
Language： (pronunciation, vocabulary, grammar, discourse, pragmatics, etc.)	· Guess and describe the story about the pictures. · Understand the main idea and the gist through watching a video clip (documentary) and reading the text. · Infer meaning of vocabulary items (make their living, valuable, instruments, raise awareness, issues, landfill, poverty) · Express orally what issues children in Cateura face. · Create one's opinion in writing.	· Monitor students during the discussion. · Ask student to express their ideas to check Ss' comprehension. · Check homework next time.
Strategies：	· Discuss the topic (gallery walk) by looking at the pictures. · Predicting the content of a text by watching at the video clip (documentary).	· Monitor students during the discussion. · Ask student to express their ideas to check Ss' comprehension in a small group.
Critical thinking：	· Become aware of global issues through discussing the questions below. <u>What other things could provide inspiration in the landfill?</u> ① <u>What do you know about global issues and how to solve them?</u> ② <u>What choices will you make that can help make a better environment tomorrow?</u> ③ <u>Based on what you have learned today, what kinds of issues arise from the video?</u> ④	· Ask reflection questions at the end. · Monitor students during the discussion.
Materials and equipment (e.g., texts, visuals, AV equipment)： · Video short clip · Pictures · Texts (summary)		

Procedures :	
Time :	Activities :
3~4min	Introduction 1. Overview of the lesson (show a slide p.1) : By the end of the lesson, you will have : gotten to know about the topic better. experienced different types of activities to improve listening, reading, speaking, and writing. become aware of the problem to the world. examined your connection to the world. "Here is what we are going to do in class today." 1. Guess and discuss the topic (gallery walk) by looking at the pictures. (Speaking / Listening) 2. Watch a video clip (music instruments out of garbage) and talk about it. (Listening / Speaking) 3. Watch a video clip (documentary), fill in the blanks and describe it. Talk about it within a group of four using a talking tip so that everyone can have good opportunities to talk. (Writing/ Listening / Speaking) 4. Read the summary of the text. (Reading) 5. Think and research about the issues by asking critical question. (Speaking / Listening) 6. Share the issues and solutions by writing three short sentences on a piece of paper. (Writing / Speaking / Listening) :
10~12min	Main instruction 2. Guess and discuss the topic (gallery walk) by looking at the pictures. · Find a partner and choose a picture. · When you hear the signal, discuss the picture with your partner. · When you hear the signal again, move to a different picture, find a different partner.
2~3min	3. Look at the pictures of the music instruments out of garbage to provide background knowledge. (3min) · By showing the pictures, provide a question : "While looking at the pictures, try to find the answer to the question. What are these? What are these made of? Are these garbage or music instrument?"
8~10min	4. Watch a video clip about the textbook to provide background knowledge. (6min) · Prior to video, provide a question : "Let's watch a part of a documentary for 3 min twice. But before viewing, let's look at some questions. Where do the people in the documentary film live? What is the Cello made from? What do the families live there recycle and why? What is the recycled orchestra? While watching the video, try to find the answer to the question and fill in the blanks on your handout. · Check the answer to the questions together.
8~10min	5. Read the summary of the text · Read the text and share the unfamiliar words together. · Infer meaning of vocabulary items (make their living, valuable, instruments, raise awareness, issues, landfill, poverty)
30~40min	6. Jigsaw activity about critical questions : Think and research and share about the issues · Divide students into four person jigsaw groups. · Appoint one student from each group as the leader. · Divide the critical questions into 4 parts. · Assign each student to learn one part. · Give students time to read their critical questions. · Form temporary expert groups by having one student from each jigsaw group join other students assigned to the same part and discuss the critical questions : "You can research the issues by using the smartphone. Share the issues and solutions by writing three short sentences on a piece of paper. Please include three points : RED : What are the things that need to STOP. YELLOW : What are the things need to be CAREFUL. GREEN : What are the things we want to GO.

	· Bring the students back into their jigsaw groups. · Ask each student present her or his points to the group. · After sharing their ideas in the groups, then share them to the everyone.	
5～ 6min	Closure 7. Reflection： Tell me one new thing you learned from the movies and the reading materials today and the reason why you think it is important.	
5min	8. Announcement of homework： "Did you have a moment when you were told something was impossible but you made it possible?" "How did this moment change you?"	
	Where applicable, indicate：Grouping：Whole Class, Small Group, Partners, Independent; and Mode：Reading, Writing, Listening, Reading	

Homework assignment：
Complete your writing by paying more attention to grammar, sequencers, and vocabularies.

Note：

英語の指導案例2

Lesson Plan
Name：
Date：

Background Information：
Students (number, grade, age, gender, ethnicity, etc.)：
- ELI students (Number of the students is 11, from Japan, Saudi Arabia, Taiwan, China and Mexico)
Instructional setting (institution type, frequency of class session, etc.)：
-200R IEP
Recent learning activities (topics, linguistic items, etc.)：
-Robot, Folk tales, word forms, prefix and suffix

Topic： Explain about the rules of the school. [Auxiliary Verb- can, cannot]		Class： 200 R IEP Period 1 (30 minutes)	Date：
Objectives：	SWBAT		Assessment：
Content：	· Infer the topic of the lesson by guessing from some pictures through a warm-up activity · Understand the topic (rules) of the lesson · Analyze the rule of the school by comparing two different types of student handbooks · Create their original school rules · Make a poster of new school rules · Write an Exit ticket about what they learned today		· Monitor students during the activity · Ask students to describe the difference between two types of student handbooks
Language： (pronunciation, vocabulary, grammar, discourse, pragmatics, etc.)	· Understand the meanings of CAN/CAN NOT by looking at some slides · Write some sentences with CAN/CAN NOT · Create new rules by using CAN/CAN NOT · Express orally their opinions about the rules		· Monitor students during the activity · Ask comprehension questions
Strategies：	· Infer the meanings of CAN/CAN NOT by looking at some slides · Compare the school rules between Japan and Canada · Skim the text of student handbooks of Japan and Canada · Discuss to create new rules		· Observe during pair work and group discussion · Monitor students during the activity · Ask questions · Check the Exit tickets · Check homework next time

Critical thinking :	· Become aware of the meaning of the rules, then the questions below #1 "Why do we need the rules?" #2 "Why do Japanese take off their shoes before coming inside?" #3 "Why can't student come to school by their own cars?" #4 "Imagine, what will happen if we had no rules in ELI here?" #5 "What about in your country?" #6 "What about in the world?"	· Observe during pair work and group discussion · Discuss with students

Materials and equipment (e.g., texts, visuals, AV equipment) :
Pictures, Visuals, Handout, Student handbook, 4 pieces of paper

Procedures :

Time :	Activities :

1 min	Introduction
	1. Overview of the lesson (show a slide) : "Here is what we are going to do in class today."
	    Today we will :
	        ① Guess the topic (Listening & Speaking)
	        ② Compare the school rules (Reading & Speaking)
	        ③ Create new rules (Writing & Speaking)
	        ④ Reflection - Exit ticket (Writing & Speaking)
	Main instruction

2 min	2. Ask students what the signs / pictograms mean by showing the pictures (show some slides).
	    · Guess the topic looking at the pictures.
	    · Show some pictures and ask the questions below :
	    "Look at this sign. What does this mean?" "Is it okay to ... in/on ...?" "Is it good to ... in/on ...?" "Do you usually ... in / on...?"
	    Instruction :
	        ① Look at some pictures
	        ② Answer the question YES or NO
	        ③ When I ask a yes/no question, give me a thumb up for yes or a thumb down for no.

10 ~ 12min	3. Compare the school rules between Japan and Canada by looking student handbooks
	    · Ask student questions
	    "Do you know what a student book is?" "What's on it/ What does it have?"
	    Critical question #1 : "Why do we need rules?"
	    · Ask students questions "What kind of rules does the student handbook have? What do you think of this picture?"
	    · Introduce one of Japanese cultures, changing their shoes at the entrance before they get into the house.
	    · Write down two sentences on the white board.
	    Students <u>can't</u> come into the school with their shoes on <u>in Japan</u>.
	    Students <u>can</u> come into the school with their shoes on <u>in Canada</u>.
	    · Ask student a question "How about in Canada?" "Do you usually change your shoes here?"
	    Critical question #2 : "Why do Japanese take off their shoes before coming inside their houses in their daily lives?"
	    "Do you know any other rules on the student handbook?"
	    · Show students the index of Canadian handbooks (show a slide)
	    · Skim the following items of the index of student handbook.
	    · Focus on the chapter of transportation (show a slide)
	    · Skim the text of the rules for transportations on the students' handbook and share the unfamiliar words with a partner.
	    · Infer meaning of vocabulary items
	    · Find something difference between two different types of student handbooks and underline them with a partner.
	    · For example, something you are surprised, something different, something interesting, and something curious about.
	    Instructions :
	        ① Skim this reading with your partner

		② Underline the interesting information ・Ask students to share them in the whole class. 　Have students make a sentence with can /can't and write down it on white board. 　"Students can ... in ...", "Students can't ... in ..." ・Compare these sentences between Japan and Canada 　"Can you find the differences between Japan and Canada?" 　Critical question #3 : "Why can't student come to school by their own cars?" ・Introduce some transportation in other countries by showing pictures (show a slide) ・Ask students about the rules of their transportations to get to school.
11〜 12min	4.	Create new rules 　Ask students about the rules of ELI by showing the pictures (show some slides). 　　"Which rules do you agree or disagree with?" ・Discuss about them in a group and share their ideas ・Create the new rules with can/ can't (write down them on a poster at least 3) of ELI in groups of three (5 min) ・Show some examples to help students with pictures (show a slide) ・Share the ideas in the whole class (Gallery walk) ・Give each group different colored pens to write comments or questions on each poster (at least 3). ・Everyone move poster and write comments or questions about the rules during discussion. ・Each student has to write more than one comment or feelings with their names to check who wrote or not after checking the poster. ・Everyone move from the poster to the next poster when students hear the signal. ・After Students finish walking to the other pictures, go back to their original posters. Check other students' writings and discuss. Instructions : 　① Everyone walk around the classroom and write comments 　② Put the sticker on the best rule ・Share the ideas of the new rules and their comments in the whole class 　"Why did you choose this rule?" "Why do you think this is the best rule?"
3min		Closure 5. Reflection (Exit ticket) ・Ask students to answer the question "What did you learn today?" ・Have students exchange their opinions with a partner ・Write 3 key words on the exit ticket 6. Announcement of homework : 　Critical question #4-6 : "Imagine, what will happen if we had no rules in ELI here?" 　　　　　　　　　　　　　"What about in your country?" "What about in the world?" Where applicable, indicate : Grouping : Whole Class, Small Group, Partners, Independent; and Mode : Reading, Writing, Listening, Reading
Homework assignment : Critical question #4-6 : "Imagine, what will happen if we had no rules in ELI here?"		
Note :		

Q8 テスト問題を工夫したいのですが

A テスト問題を作成する時に,単純に本文を暗記していれば解ける問題ばかり出題していると,生徒は教科書の丸暗記をするかもしれません。使われている表現や単語を覚え,正しい語順で書くことができれば,その英語表現は自分の血となり肉となります。しかし,それだけでは十分ではありません。本文をパラフレーズして出題したり,同じテーマで書かれているオーセンティックマテリアルを改良してテストに出題したりして知的好奇心を刺激することが重要です。

●本文をパラフレーズしたサマリーを使った穴なし穴埋め問題
Test：Comprehension quiz focusing on vocabulary
Objective：To check students' understanding
Instructions：This is the summary of the textbook that you have used this term. There is a mistake in each sentence. You need to add a word for it to make sense. Read the text and point out the mistakes in the following sentences. Put the missing words into the appropriate places. Write the words before and after the missing words.

> サマリー：Cateura has a landfill that recycles tons of waste every day.
> テスト用に改良した本文：Cateura has a that recycles tons of waste every day. 抜けている語："landfill" 解答：a, that

　ある単語を抜き出し,その単語を元のある位置に戻す問題です。このように例を示し,問題の解き方も含めて授業中に一度練習しておくと,混乱させることなく解かせることできます(詳細は靜哲人『英語テスト作成の達人マニュアル』(大修館書店),参照)。

> 抜き出されている単語：[Living, meaning, out, recycled materials]
> Many people in Cateura make their by collecting and selling valuable gooods from the trash. ① It is difficult for the children to find in their lives. ②

模範解答：
　　① their, by　　② find, in

本文：Many people in Cateura make their living by collecting and selling valuable gooods from the trash. It is difficult for the children to find meaning in their lives.

●テーマに関連性のある初見のオーセンティックマテリアルを使用

　This is the another example related to the topic that you have learned from the textbook. This story is based on the true story happening in the Philippines.

> These are the choices：[picking, poverty]
> Philippines, Manila, is home to eleven million inhabitants. The city's garbage has been taken to the outlying suburb of Payatas, where it is dumped and openly incinerated. Locals call it "Smoky Mountain". Smoky Mountain is the symbol of poverty in the Philippines. Most people who live here earn a living by picking up garbage in this Manila's largest dumpsite. Almost a third of the Philippines' populations live below the poverty line.

　これは，教科書のテーマが同じで，初見の英文を出題するパターンです。出題形式は前のページと同じなので，生徒は英文の内容に集中して解くことができます。この初見の英文自体も，世界情勢を伝えることにもなり，テストを通して色々な情報を英語で収集させます。

Q9 授業改善のために何をしていますか

A 授業改善のため、授業後に振り返りをします。その時に、私が活用しているのが次のページの teacher reflection カードです。これは、カナダのブリティッシュコロンビア大学で英語教授法の模擬授業後に使っていました。授業改善だけでなく、ティーチングプランを考える時にも活用できます。

● Proactive

授業プランを立てる時に teacher reflection カードを参照し、「目的」をはっきりさせます。簡易的な指導案としても活用できますし、8つのポイントを押さえておけば、安心して授業に臨めます。特に、授業が時間どおりに終わらないことが課題の場合は、pace and timing を意識して、活動ごとの配分や活動と活動の transition を含めた時間まで計画します。

● Reactive

"How far have the following been achieved?" "How would I improve…?" の2列に分け、達成できたことと、改善することを8つのポイントごとに振り返り、自分の授業を分析します。また、生徒を successful students と struggling students ごとに分けて生徒の反応を振り返ることで、学習者レベルに応じた課題点を見つけることもできます。

● 授業見学時にも活用

見学するポイントをこの8個の中からいくつか選び、「右側には自分だったらこうする」とメモをします。そうした積み重ねが、批判的思考力を養い、目の前の生徒に応じた指導ができるようになります。

Teacher Reflection

How far have the following been achieved?	How would I improve…?
1. Content objectives	
2. Language objectives	
3. Strategies objectives	
4. Critical thinking objectives	
5. Pace and timing	
6. Introduction, closure, and transition between tasks	
7. Activities, tasks, grouping, etc.	
8. Teacher talk, explanations, questions, etc.	
What would you do to continue to support successful students?	
What modifications would you make to support struggling students?	

(This chapter covers material developed by Angela)

Q10 英語嫌いな子も必ず乗ってくるとっておきの方法はありますか

A "Kinetic"がキーワードです。Kineticとは「運動の,活動的な,動的な」という意味です。つまり,座学ではなく,立って体を動かしながら学習することがポイントです。気を付けるべきことは,ただの遊びのゲームで終わらせないことです。それではいくつかKinetic activityをご紹介します。　　(Sourse:『100 Games to play』Us borne Publishing Ltd)

● Funny faces chain

　3人グループを作り,1人ずつ順番に感情を考え,顔で表現します。例えば,最初の生徒がSadな顔を表現し,2人目はそのSadの表情を作ってから自分の感情を表す表情(Angry)を作ります。3人目はSad,Angryの表情を作ってから自分の感情を表す表情(Happy)を作ります。これを順番に2周目以降も続けられるだけ続けます。誰かが表情を間違えたり,忘れたり,次の新しい表情ができなかったりした場合はその生徒は抜けます。最後まで残った1人が優勝です。表情を作らせるだけでなく,表情と一緒に英語でSadと気持ちを込めて悲しそうに言わせるなど教師が最初にモデルを示して生徒のやる気を引っ張ります。

感情表現:[Sad, Angry, Happy, Full, Sick, Lonely, Hurt, Cold]

　このように,感情を表す表現を教師が提示する方法だと易しめのトレーニングになり,提示せずに生徒に考えさせる方法だと難しめのトレーニングになります。

英語の指示例

　Someone makes a face and says a feeling, such as sad. The next person makes the same face and says the same feeling, before adding a face of their own. Everyone takes turns adding and making faces in the correct order. If someone makes a face in the wrong order or forgets a face, they are out.

● Feeling number

　数字の練習に活躍する counting game です。4人グループを作り，数字を100まで順番に言います。ただし，ある番号は数字を言うのではなく，顔の表情とその感情を表す表現を英語で言います。例えば，2と4と6と8の数字を顔の表情（2＝Hungry，4＝Sleepy，6＝Full，8＝Sick）に置き換えます。24の場合は Twenty four と言わずに，"Hungry，Sleepy"の表情とジェスチャーと英語で言います。3と3の倍数を言う時だけアホになる芸で一世を風靡した芸人のイメージです。

英語の指示例

In this counting game, some numbers are replaced with making faces and saying feelings such as Hungry, Sleepy, Full, Sick. For example, make a hungry face instead of saying any number with 2 in it or a sleepy face instead of saying. 4 Everyone counts up from 1 taking turns saying a number or making a face and saying the feeling. Continue taking turns, watching out for numbers like 24, because they contain multiple numbers. If anyone hesitates or makes a mistake, they are out.

　小学生でも楽しめるポイントは，友達と体を動かしながら英語を発する活動を取り入れることです。また，ジェスチャーや顔の表情などは見ているだけでも楽しいので，自然と楽しみながら学習できます。
　スピードを変えて，どんどんテンポアップさせて取り組ませると更に盛り

上がります。ただし，気を付けなければいけないことは，スピードを速くしても英語を言う時は正しい発音を意識させることです。でたらめにスピードを追及してしまい，発音をないがしろにしてはいけません。

● Treasure Hunt

ペンと紙を用意して，紙には宝島の地図を簡単に描くように指示します。イメージは紙に楕円（宝島）を描き，その中に現在地と宝物を示すポイントを○と☆で自由にマークします。（右の図参照）宝島の周り（丸の外側・紙の余白部分）は海です。ペアで競争して，先に宝物にたどり着いた人の勝ちです。

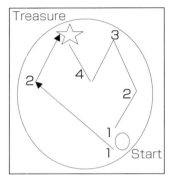

ペアを組み，1人がスタート地点に鉛筆を置き，目を閉じます。目を閉じながら直線を引き，宝物を目指します。もう1人が宝物の場所と，直線の最終地点との距離感を英語で "Best, Better, Good か Bad, Worse, Worst" とだけ言って説明できます。Best が一番近く，Worst が一番遠いことを意味します。絵の図の例であれば，◀———の線の生徒が2回で宝物に到着できたので勝利です。————の生徒は4回で宝物にたどり着いたので負けです。

<u>英語の指示例</u>

Draw an island with an ○ for the start and a ☆ for treasure. In partners, one person at a time puts a pen on the ○ and shuts his eyes. He draws a straight line and aims for the treasure. The other person calls out to help him to find the treasure, saying "Worst" If he moves away from it, and "better" if he moves closer. Switch roles and continue until both people reach the treasure. Whoever drew the fewest lines wins. Any lines off the island count as two lines.

● Mystery number

　ペアを組み，1人が1～10までの数字を頭の中で決めます。もう1人が，その数字を予想して当てるクイズです。Is it（数字）？の問いは1度しか言うチャンスはありません。そのため，正解を確信してから答えるために，いくつか質問をする必要があります。相手は"Yes, No"しか言えないルールのため，必ず使う必要性が出てくる英語表現があります。次の例を見てみましょう。

A : Is it smaller than 8?
B : Yes.
A : Is it bigger than 6?
B : Yes.
A : Is it 7?
B : Yes!!!!

英語の指示例

> Someone thinks of a number between 1 and 10, and the other person has to guess what it is. They take turns asking questions that can be answered with Yes or No. Continue until someone guesses the number.

　2桁の数字の場合は，"Does it have a 5 in it?"などの表現も教えます。他にも，数字を1～20，1～50など増やすと，難易度を調整できます。特に小学生は，繰り返し頭と体を使いながらゲームを通して英語表現を定着させます。この例のように，自然と比較級を使う状況を作り，会話のやり取りを通して楽しみながらゲーム感覚で英語表現を身に付けると効果的です。

あとがき

　本書を書き終えて今感じていることは，英語の授業が趣味であるということです。教師の仕事は授業だけではありません。しかし，授業はキホンのキであり，土台であり，仕事の中心に置いて考えられるべきだと私は思います。その部分をいい加減にしてしまえば，他の部分がどれだけ優れていても意味がありません。軸がぶれてしまうと，全てが崩れてしまいます。「授業で勝負！」これは，私が教壇に立ったその日から，ずっと心の中心にあります。

　授業で勝負するには，授業で使えるものは何でも吸収する姿勢が必要だと思い，常にアンテナを張っています。最新の洋楽や洋画を発音指導やリスニング指導用にチェックしたり，旅行した時は，観光地のパンフレットを英語版と日本語版を持ち帰ったりしています。教科書に関連のあるトピックの場所に出かけては写真を撮り，美術館で展示品の説明を読み，書き方や表現などを学びます。Orbi などの大自然体感ミュージアムでは，ICT 等の映像を見ながら授業での活用方法を考えるきっかけにもなりました。私は，落合陽一さんの著書『超 AI 時代の生存戦略』（大和書房）で述べられている「ワークアズライフ」：睡眠以外の時間全てが仕事であり，趣味であるという概念に共感しています。このように，授業の視点を持った生活をしていると，いつも新しい発見やアイデアが生まれます。

　また，場数を踏むことも大切だと思い，常に授業は公開しています。自分の授業改善のためにも，必ず見学者からのコメントやフィードバックをお願いしています。見学者によって様々なフィードバックをしてくださるので，私自身とても勉強になります。

　ありがたいことに，講演会やワークショップの依頼をいただくことも多くなりました。これまでは，参加してくださった熱心な先生方に微力ながら貢献させて頂ければという気持ちで，すぐに使える活動アイデアを紹介することが多かったと思います。しかし，去年の英語教育達人セミナーに参加して下さっていた明治図書編集部の木山さんから「小林先生の講演を聞いていて，

指導方法やアイデアだけでなく，授業マネジメントの視点が面白かったので，前作の続編を執筆してほしい」という依頼をいただきました。昨年度に，『高校英語のアクティブラーニング・成功する指導技術＆４技能統合型活動アイデア50』（明治図書）を出版していたので，その続編の依頼でした。

　本書では，授業マネジメントの考え方や生徒のやる気を引き出す方法などを中心に，タスクをご紹介させていただきました。同じタスクをしても教師がマネジメントを意識して行うのと，そうでないのとでは，モチベーションや結果が全く違ってきます。「なんとなく生徒が動いている状態」から，「こうすれば生徒が必ず動く状態」を把握すると，同僚や若手教師にも指導方法やアイデアを系統立てて伝達できるようになります。

　また，生徒を飽きさせないための工夫として，活動に少しずつ変化を持たせることを心掛けました。美味しいと評判のレストランでも，看板メニューの１点だけで勝負し続けると，時代と共に客層や，お客様の好みも変わるかもしれません。看板メニューを守りつつ，新しいメニューを生み出し，時代が変わっても驚きと感動を与えるこだわりの料理を出し続ける料理人，そのような志のあるプロフェッショナルな英語教師に，私はなりたいと思います。

　最後になりましたが，恩師の靜哲人先生には英語教育に関して多大なるご指導をいただきました。本書の発音指導に関わる原稿に対しても貴重なご助言を賜りました，この場を借りて心より御礼申し上げます。また，本書を世に送り出してくださいました明治図書編集部の木山麻衣子氏には，とても感謝しております。また，教え子やカナダのブリティッシュコロンビア大学で出会った同僚や講師や教授のみなさまにも改めて感謝したいと思います。特に，Jody Shimoda から教えていただいたことを，日々の授業で実践しながら，改良しております。

　そして何より，本書を手にとっていただいた方に厚く御礼申し上げたいと思います。本書が少しでも皆さまの日々の授業に役立つことを願っています。

2018年２月　　　　　　　　　　　　　　　　　　　　　　　　　小林　翔

【著者紹介】

小林　翔（こばやし　しょう）

　茨城大学教育学部助教。1983年大阪府生まれ。関西外国語大学外国語学部卒業。関西大学大学院修了　修士（外国語教育学）。東京都立千早高等学校，東京都立白鷗高等学校附属中学校を経て現職。専門は英語授業実践学。大学院時代に，『英語発音の達人ワークアウト：English あいうえお』に出演。東京教師道場外国語高等学校リーダー，教育研究員，研究開発委員，認定講師，文部科学省委託事業英語教育推進リーダーとして中核となる高等学校の英語担当教員の授業・評価の改善のための指導・助言を行ってきた。その他にも教員研修プログラムやセミナーの講師も務めている。単著に『高校英語のアクティブ・ラーニング　成功する指導技術＆4技能統合型活動アイデア50』（明治図書），DVD『英語教育達人セミナーin 東京2017』（ジャパンライム株式会社），共著書に『英語授業の心・技・愛―小・中・高・大で変わらないこと―』（研究社）などがある。受賞歴に第26回（平成25年度）英検研究助成・実践部門入賞。第65回読売教育賞外国語・異文化理解部門優秀賞受賞。第32回東書教育賞入選。

E-mail: sho_kobayashi2002@yahoo.co.jp

〔本文イラスト〕木村美穂

高校英語のアクティブ・ラーニング
生徒のやる気を引き出すモチベーション・マネジメント50

2018年4月初版第1刷刊	©著　者	小　　林　　　　翔
2019年7月初版第2刷刊	発行者	藤　原　光　政
	発行所	明治図書出版株式会社
		http://www.meijitosho.co.jp
		(企画)木山麻衣子 (校正)中野真実
		〒114-0063　東京都北区滝野川7-46-1
		振替00160-5-151318　電話03(5907)6702
		ご注文窓口　電話03(5907)6668

＊検印省略　　　　　組版所　共　同　印　刷　株　式　会　社

本書の無断コピーは，著作権・出版権にふれます。ご注意ください。

Printed in Japan　　　　　　ISBN978-4-18-229518-8
もれなくクーポンがもらえる！読者アンケートはこちらから →